租税理論研究叢書 21

市民公益税制の検討

日本租税理論学会 編

法律文化社

はしがき

　本学会の第22回大会は，2010年11月27日（土），大東文化大学板橋キャンパス中央棟「多目的ホール」で髙沢修一会員を大会幹事として行われた。シンポジウムのテーマは「市民公益税制の検討」であった。後藤和子会員より「グローバル時代のNPO／寄付税制――国境を越える寄付とグローバル・タックスの視点から――」，髙沢修一会員より「CSR会計導入に伴う環境税創設の提言――市民社会のインフラ整備に求められる企業活動の公益性――」，石村耕治会員より「非営利公益団体課税除外制・公益寄附金税制の根拠をさぐる――日米における所得課税上の分析を中心に――」の諸報告が行われた。
　右の諸報告を受けて，活発な討論が行われた。
　また，同年11月25日の税制調査会に提出され，翌12月16日に閣議決定されて2011年度税制改正大綱に盛られた「納税環境整備PT報告書」に対し，2010年12月24日，石村耕治会員を委員長とする本学会の納税者権利憲章問題検討委員会から，「税制調査会納税環境整備PT報告書に対する意見書」が公表された。
　本号は，以上の報告と討論，意見書を収録するものである。
　2010年6月17日に，本学会の税法学部門の設立発起人であった北野弘久元理事長（日本大学名誉教授・弁護士）が急性骨髄性白血病のため逝去された。また，2011年3月11日の東日本大震災では，多くの方々が被災され犠牲者となられた。謹んで哀悼の意を表したい。
　次号は「大震災と税制」である。

　2011年4月

日本租税理論学会事務局

目　次

はしがき

I　シンポジウム　市民公益税制の検討

1 グローバル時代の NPO ／寄付税制 …………後藤　和子　3
　　──国境を越える寄付とグローバル・タックスの視点から──

2 CSR 会計導入に伴う環境税創設の提言 ……髙沢　修一　21
　　──市民社会のインフラ整備に求められる企業活動の公益性──

3 非営利公益団体課税除外制・
　　公益寄附金税制の根拠をさぐる ………………石村　耕治　46
　　──日米における所得課税上の分析を中心に──

4 討　論　市民公益税制の検討 …（司会）梅原英治・浪花健三　84
　　（討論参加者・発言順）
　　　黒川功，後藤和子，伊川正樹，石村耕治，望月爾，鶴田廣巳，
　　　安藤実，髙沢修一，富岡幸雄，吉田展洋，武石鉄昭

II　意見書

税制調査会納税環境整備 PT 報告書に対する意見書
　…………………………………納税者権利憲章問題検討委員会　111

目　　次

　　日本租税理論学会規約

　　日本租税理論学会役員名簿

■執筆者紹介

後藤　和子（ごとう・かずこ）　　　埼玉大学経済学部教授
髙沢　修一（たかさわ・しゅういち）　大東文化大学経営学部准教授
石村　耕治（いしむら・こうじ）　　　白鷗大学法学部教授

I　シンポジウム

市民公益税制の検討

2010年11月27日　第22回大会（於：大東文化大学）

1 グローバル時代の NPO／寄付税制
―― 国境を越える寄付とグローバル・タックスの視点から ――

後 藤 和 子
(埼玉大学)

はじめに

　近年，新しい公共を支える財源として，民間からの寄付を促進するための税制が大きく拡充されてきた。2011年から，公益財団，公益社団，認定NPO，学校法人，社会福祉法人等への寄付に関し，所得税において税額控除制度（控除率40％――個人住民税と合わせて50％まで）が導入される。日本における寄付金控除は，法人寄付に対する寄付金控除が1942年に[1]，個人寄付に対する寄付金控除が1962年に導入された。個人寄付への寄付金控除は，導入当時は20％の税額控除であったが，1967年に，高額所得者へのインセンティブがより働く所得控除に変更した。しかし，法人寄付に比べて，個人寄付への寄付金控除が適用される公益法人の範囲は極めて狭く，その数も限定的であった。日本における寄付金控除は，その歴史においても，適用される公益法人の範囲においても，個人寄付に対しては極めて限定的なものであったといえる。ところが，昨今の，公益法人やNPOに対する税制，あるいは寄付金税制の拡充には目を見張るものがある。こうした変化は，政府による直接支援である補助金から，間接支援である寄付金へと，NPO支援のあり方が大きく転換することを意味する。

　このように，国内の公益法人やNPOに対する寄付金税制が拡充される一方で，外国で設立されたNPOや，外国NPOへの寄付金に対する税制はいまだに限定的である。東日本大震災の直後から，海外の政府のみでなく海外のNPOや市民から自発的に支援の申し出があり，世界各地で寄付募集が行われている。NPOは，既に日常的に国境を越えて活動しており，災害時において

も途上国支援においても，極めて大きな役割を果たしている。

　ところが，NPO税制や寄付税制は，いまだに，各国の法律によって規定され，国内活動に限定した枠組みにとどまっている。国境を越えるNPO活動や寄付に関する問題としては，海外で設立されたNPOが，他国で活動する際に税制上どのように扱われるのかという問題と，海外で設立された外国NPOへの寄付に対して，税制上どのように扱うのかという2つの問題が存在する。石村耕治は，国際NGO支援税制の日米比較を通して，国際NGOや国境を越える寄付に対する税制が極めて限定されていること，現行の法の下では，外国で活動や寄付募集をしようとするNGOは，その国に子団体等を設立して内国法人の資格を取得するか，二国間租税条約を結び，相互主義の観点から内国法人と同等の扱いを受けるかのいずれかしかないと指摘する[2]。また，2006年時点では，国境を越える寄付に対する寄付金控除も，極めて限定的であると述べている。1994年に公表された調査でも，外国NPOに対する寄付について寄付金控除を認める例は，世界的にみてもわずか3件しか存在しなかったという。

　国際的に活動するNGOといえども，その税制上の扱いをめぐって，ただちに国際的な基準を適用して内国NPOと同等に扱うことに関しては，かなりの抵抗があるのが実情である。それは，各国がそれぞれ固有の課税権を持っていることに加え，①何が公益であるかの定義が各国で異なること，②外国NPOへの寄付金控除の便益は国内ではなく国外に及ぶこと，③外国NPOに対しては課税庁の監督が及ばない等の理由からである[3]。増井良啓は，①については，優遇措置の範囲を具体的に明示することにより解決できること，②に関しては，国内のNPOであっても海外支援を行うものがあること，また，国民の便益を経済的利益の直接的享受に限定するのは，やや偏った見方であるとし，③については，納税協力の確保策を講じることで対処すべきであると指摘する。そして，外国NPOについても，認定NPOと同じように，認定を条件として寄付控除の対象にしてはどうかと述べている。

　ところが，近年になって，ヨーロッパでは，海外で設立されたNPOへの寄付に対して，寄付控除を認める動きが出てきた。それは，二国間条約や多国間条約に基づいて行われているわけではない。例えば，オランダでは，日本も含

めて外国で設立された NPO でも，オランダの基準を満たせば NPO として登録でき，登録された外国 NPO への寄付に対して，寄付金控除が認められるようになった。この外国 NPO は，オランダに子団体を設立する必要はない。

　本稿の課題は，グローバル化と分権化の下で NPO や寄付が国境を越えている現実に鑑み，外国 NPO への寄付を寄付金控除の対象として扱う理論的根拠は何かを，EU 内で開始された実験と議論，そして，近年議論が盛んなグローバル・タックスの視点から検討することである。外国 NPO や国境を越える寄付に関する論文も近年増えている[4]。しかし，それらは，必ずしも EU 諸国の最新の動向や議論を考慮に入れたものではない。本稿では，可能な限り EU 諸国における新たな動向を視野に入れ，グローバル・タックスの視点も加味して，これらの問題を検討してみたい。なお，本稿で，以後，外国 NPO という場合には，外国の法律に基づいて設立された非営利組織一般を指す。

I　日本における外国 NPO と国境を越える寄付への税制上の取り扱い

　最初に，外国 NPO や国境を越える寄付に対する日本の税制の現状を概観し，その限界を明らかにしておきたい。日本における外国 NPO 及び，それらへの寄付に対する扱いは極めて限定的である。石村によれば，国際 NGO が日本に進出する際に，いくつかの選択肢がある[5]。1 つは，日本に子団体を設立し，そこが財団法人や NPO 等の資格を取得することによって，内国法人と同じ税制上の扱いを獲得する方法である。例えば，1992 年に設立された国境なき医師団日本は，国境なき医師団のパートナー支部であるが，1999 年には東京都から NPO 法人として認定され，更に，2002 年には，認定 NPO 法人として国税庁の認定を受け，寄付者が寄付金控除や損金算入をすることができるようになった。

　外国 NPO が日本に進出する 2 つめの方法は，外国 NPO が，日本に支部や事務所を設置する形態である。この場合，恒久的施設があるかないかで扱いが異なってくる。日本に支部がある外国 NPO が，情報収集や事務連絡等，本来の事業にとって補助的な業務しか行っていない場合には，恒久的施設がないと

みなされ課税されない。恒久的な施設があるとみなされると，日本で生じた所得に対し，非収益事業にかかるものも含めて課税される。しかし，財務大臣の指定を受ければ，日本の公益法人やNPO法人と同じように，非収益事業には課税されない。公益法人改革で，「財務大臣の指定」は2008年よりなくなったが，それに替わり公益認定を行う機関の認定を受けることになる。

　石村は，国際NGO（外国NPO）支援税制を確立する目的の1つは，日本に支部や連絡事務所等の形で進出してきた国際NGOに対し，内国公益法人等と基本的には同等の課税取り扱いを保障するためであると述べている。しかし，国際NGOに対して，日本国内の公益法人やNPOと同等の扱いを保障したとしても，日本の公益基準の範囲内にある国際NGOしかカバーできないという問題も残る。より一般的には，国際NGOが，多くの国で活動する場合，進出する国によって公益の定義や，NPO法人格を取得するための基準，あるいはNPO支援税制を申請できる基準が異なる。そのため，国際NGOは，各国の言語で書かれた法律を読み解き，それに適合するような条件を整えて申請しなければならず，負担が大きい。石村は，アメリカの例をひきながら，相互主義に基づいて，相手国が認定した非営利事業への課税除外が望ましいと考えているようである。しかし，相互主義が本当に望ましいのかどうかは，後ほどEUの事例で検討してみたい。

　外国NPOへの寄付に対する，日本の税制の現状はどうだろうか。石村は，第二次世界大戦以降，NGO活動は著しくグローバル化し，これに伴う資金需要は極めて旺盛であり，環境，教育，難民支援，人権，教育など多様な分野で，先進国の市民には寄付を通じた国際貢献が求められていると指摘する。そして，日本では国境を越える寄付に関して，あまり活発な議論が行われていないが，この問題は，公益団体税制上はもちろんのこと，国際税法上も極めて重要な課題の1つであると述べている[6]。

　日本の税法では，個人が外国NPOに直接寄付した場合には，寄付金控除は適用されない[7]。しかし，法人の場合には，限定的ではあるが寄付控除が適用されることがある。1つは，法人が外国NPOに対して，一般寄付金として損金算入限度額内で支出したものであり，もう1つは，特定公益増進法人や認定

NPO を橋渡し機関として寄付した場合である。後者は，個人の寄付に対しても適用できる。例えば，独立行政法人国際交流基金には，特定寄付金制度がある。国際交流基金が認めた特定の国際交流事業を行うものに対して，個人または法人が寄付をした場合，特定公益増進法人への寄付と同じように寄付金控除を適用できる。

　この制度を使って，国際交流基金を橋渡し機関として外国 NPO に寄付した個人や法人は，寄付金控除の適用を受けることができる。ただし，外国 NPO に対する寄付は，国際交流基金の主たる目的である業務に関連している必要がある。そのため，特定寄付金は橋渡し機関への申請手続を経て認められた事業に限られるなど限定的なものにならざるを得ない。また，直接，外国 NPO に寄付した場合には寄付金控除が適用されず，日本の特定公益増進法人等を橋渡し機関として外国 NPO に寄付すれば寄付控除が適用されるというのは，同じ寄付なのに取り扱いが不平等であるという問題もある。

　以上のように，日本における，外国 NPO に対する課税上の扱いと，外国 NPO への寄付に対する税制上の扱いは，ともに極めて限定的であり，NPO 活動の国際化という実態に相応しいものとなっていない。特に，外国 NPO への個人寄付に関する日本の税制は，極めて限定的であることが分かる。これは，善意は国境を越えるにも拘わらず，税制は国単位で運営されているためである。増井は，日本の認定 NPO と同じように外国 NPO を認定し，寄付金控除の対象にしてはどうかと述べている。それは，日本の実情に基づいた提案であるが，より国際的な視野から理論化するためには，どのように考えるべきだろうか。

II　EU における国境を越える寄付の現状と議論

1　資本移動の自由とホスト国コントロール

　次に，EU 諸国の現状と議論を概観しながら，各国固有の課税権と，グローバル化する NPO や寄付に対する税制上の扱いをどのように調整すべきか，その理論的根拠について検討してみたい。[8]

　ヨーロッパの多くの国々でも，自国 NPO に対する寄付に限って，寄付金控

除が適用されるのが現状である。例えば，イギリス人は，テート美術館に寄付をすれば寄付金控除の適用が受けられるが，オランダ国立美術館に寄付をしても寄付金控除の適用は受けられない。ところが，オランダでは，2008年1月から，外国NPOでも，オランダのNPO要件を満たせば，オランダに登録ができ，オランダ在住の人々は，登録された外国NPOに対する寄付を，所得税から控除できるようになった。登録された外国NPOは，オランダに子団体をつくる必要はない。また，登録された外国NPOは，贈与額が2000ユーロを超えなければ，オランダ政府に対して贈与税や相続税を払う必要もない。外国NPOがこの適用を受けるためには，オランダと，所得税・法人税・贈与税・相続税に関する情報交換のための条約を結んでいる国に存在することが必要である。日本とオランダは，1970年に租税条約を締結し，2010年8月にその条約が改定された。この新しい条約が実行されると日本のNPOも，オランダに登録し租税上の優遇措置が適用される。しかし，1970年の租税条約の下でも，オランダ国税当局への情報提供という条項を満たせば，同様の扱いが可能である[9]。

EU内の外国NPOへの寄付に対して，寄付金控除を認めているのは，EU27ヶ国中，オランダ，ポーランド，スロベニア，ベルギー，デンマーク，ブルガリアの7ヶ国である[10]。他の20ヶ国は，これを認めていない。何故，こうしたばらつきがでてくるのだろうか？　外国NPO税制，及外国NPOへの寄付税制をめぐっては，ヨーロッパ内でも，様々な議論が繰り広げられてきた。欧州委員会は，EU各国に対して，EU内の資本移動の自由には寄付や贈与も含まれること，外国NPOへの寄付や外国NPOそのものへの税制上の差別的扱いは，EC条約の観点から許容できないと表明している。

エポックメイキングな事件として，Walter Stauffer事件がある。これは，ドイツ国内法が，ドイツ国内のNPOと外国NPOを差別的に扱うことが，EC条約に違反するかどうかをめぐって争われた事件である。2006年に，欧州司法裁判所は，Walter Stauffer財団が，イタリアに本拠地を持つという理由で，ミュンヘンに所有する不動産の賃貸収入に対してドイツが課税したのは，資本移動の自由及び，EU内での平等な扱いに違反するという判決を下した。ドイツの税収が減少するというのは，外国NPOに対する税制優遇を認めない根拠には

ならないというのである。欧州司法裁判所は，更に，2009年には，Persche 事件[11]で，外国 NPO への現物寄付に対しても寄付控除が認められるべきであるという判断を示した。しかし，EU 内の全ての国が，欧州司法裁判所の判決に納得したわけではない。

2 相互主義による外国 NPO への待遇をめぐって

しかし，Stauffer 事件や Persche 事件で示された欧州司法裁判所の判断を尊重し，国内法の枠内で，外国 NPO と国内 NPO とを同等に扱うことによって，全ての問題が解決するわけではない。S. Hemels は，各国には，何が公益かという考え方や定義の違いがあり，NPO の基準も異なる。そのため，現状では，EU 内でグローバルに活動しようとする NPO は，27ヶ国27種類の基準を満たさなければならないという大きな障害に直面すると指摘する。また，各国の法律は各国の言語で書かれているため，27ヶ国の言語を理解して要件を読み込まなければならない。更に，NPO の要件がお互いに矛盾することもある。例えば，ポルトガルの国内法では，最低でも25万ユーロの資本がないと NPO とは認められないが，オランダでは，逆に，資本が25万ユーロ未満でないと NPO とは認められない。つまり，ホスト国の法律で処理するという片務的扱いは，可能ではあるが限界がある。事実，2009年にオランダに登録し，税制上の優遇措置を受けている外国 NPO は，その寛容な扱いにも拘わらず，8ヶ国29団体にすぎない。

次に，Hemels は，相互主義でこの問題を解決できるかどうか検討する。相互主義に基づけば，相手国の基準をお互いに認めることになる。これは，ある NPO が EU 内1ヶ国の基準を満たせば，自動的に他の国でも NPO の地位を獲得できることを意味する。そのため，これは，NPO にとっては行政コストを著しく削減することになる。しかし，何が公益かの判断基準をめぐって，各国は，大枠では一致しているにしても，細部になるとかなり異なることが多い。例えば，イギリスではスポーツの推進は社会への投資とみなされ，公益性があると認められているが，オランダでは，スポーツの推進は公益性があるとは認められていない。そのため，相手国が認定した NPO を自国でも自動的に認定

する相互主義は，NPO に関する統治権を侵害する恐れがある。

しかし，そればかりではない。NPO は，最も NPO の定義が広く，最もコントロールが緩い国で，組織を設立しようとするだろう。相互主義では，かかる NPO を自動的に認めざるを得ないため，税制優遇が本当に有意義な公益目的に使われるかどうか疑問である。欧州司法裁判所も，Stauffer 事件と Persche 事件において，相互主義を適用せず，外国 NPO は，自国内の NPO と同等に扱われるべきであるという平等主義の見地からの判断に留まっている。

以上，国内法に照らして，外国 NPO を国内 NPO と同等に扱うことにも，相互主義にも，問題点があることが分かった。かかる障壁を取り除き，国際的に活動する NPO や国境を越える寄付を促進する税制を確立するためには，EU 内の協調に関するより確かな理論的根拠が必要である。外国 NPO を自国 NPO と同等に扱う税制上の扱いは，ある種の各国主権の放棄と，EU による集権を意味するからである。

3 権限委譲と財政連邦主義

Hemels は，外国 NPO 税制と外国 NPO への寄付金控除に関して，それが集権と分権の問題であるとして，財政連邦主義の考え方を拠り所として，理論化できないか検討している。EU 内では，様々な問題をめぐって，各国主権と EU 集権の関係について議論が行われてきた。その際，焦点となるのは，各国主権の重要性と集権化によるスピルオーバー効果（経済波及効果）の比較である。EU 内には，EU の権限があまりにも大きくなることへの危惧がある。それは，ヨーロッパ憲法をめぐって，2005年に反対票を投じたフランスとオランダの事例にも表れている。Hemels は，Pelkman の理論を援用しつつ，EU 内の NPO 税制の協調に関する理論的根拠を，次のように検討する。Pelkman の理論では，以下の5つの段階を踏んで，国境を越える外部性あるいは，規模の経済性が存在する場合に，EU 集権を正当とみなす。

① ある公益目的が，EU レベルでしか達成されない場合には，権限委譲テストは不要である。

②　規模の経済性や国境を越える外部性がある。
③　その公益目的を達成するために，EU 諸国の自発的協調が持続的に行われる可能性がある。
④　もし，①と②が満たされ，③が満たされない場合には，EU レベルの課題となる。
⑤　その課題を EU レベルが実行することが適当となった場合には，どの程度の実施や監視，強制を，EU と各国に割り当てるのが適当か吟味されなければならない。目的を達成するために必要な量が EU に割り当てられるべきである。

Hemels は，この考え方を，国境を越えて活動する NPO に適用し，NPO 税制や寄付税制に関する EU への権限委譲が適当かどうか検討する。第 1 に，これらの国境を越える NPO や寄付は，EU の独占的な権限に属する問題ではない。しかし，Stauffer と Persche の事例を考慮に入れれば，何らかの EU レベルの協調が必要であることが分かる。第 2 に，国境を越える外部性や規模の経済性はどうだろうか。例えば，世界遺産は，それが存在する国の人々ばかりでなく，国境を越える外部性がある（海外の人々にも便益がある）。そのため，世界遺産を保護する NPO に対する寄付は，国内のみでなく国外からも行われ，寄付金控除が平等に適用されることが望ましい。第 3 に，NPO 税制や寄付税制をめぐる持続的な協調は可能だろうか。Stauffer 事件の後，EU の多くの国々が，ホスト国ルールに基づく望ましい協調を自発的に始めたという事実はない。そのため，持続的な協調という条件は満たしていないといえる。1 と 2 の条件を満たし，3 を満たしていない時，権限は EU レベルに委譲される。その際，どの程度，EU の権限が必要なのだろうか。

もし，協調が民間レベルで達成されるならば，EU の介入は不要である。例えば，ヨーロッパには，12 ヶ国にまたがる NPO ネットワークがある。これら 12 ヶ国に住む人々は，この NPO ネットワークを通じて国境を越える寄付を行い，寄付金控除の適用を受けることができる。オックスフォード大学は，このネットワークを使って海外から寄付を集めているが，寄付の 5％は，NPO ネットワークの運営にあてられている。ネットワークを運営するためのコストが寄

Ⅰ　シンポジウム　市民公益税制の検討

付を浸食するため，この解決法はセカンド・ベストであると，Hemelsは述べている。

　代替案として，NPOを各国で設立し登録するのではなく，EUレベルで登録するというアイデアは，既に1971年に提案されている。それによれば，欧州評議会の事務総長が，NPOの登録と監督の権限を持つ。登録されるNPOの活動は純粋な非営利活動であり，科学，健康，教育，文化，フィランソロピー等の公益を促進するものでなければならない。この欧州評議会への登録は3年ごとに更新されなければならない。しかし，加盟国は，NPOに関する権限委譲に同意せず，この提案は実現しなかった。そして，2001年以降，国境を越えて活動する財団の税制や寄付税制について，再び議論が行われるようになった。

　2004年に，ヨーロッパ財団センターは，ヨーロッパ財団に関する草稿を提案した。それによれば，国境を越えて活動するNPOは，各国に設立するのではなく，ヨーロッパ財団として設立することができる。ヨーロッパ財団は，ヨーロッパあるいはグローバルな公益に資する時のみ，その資格を認められる。公益とは，芸術，文化，歴史保存，障害を持つ人々への支援，難民や移民への支援，人権，消費者保護，国際的・国内的開発，エコロジーと環境の保護，教育，訓練，啓蒙，人種・民族・宗教・障害に基づく差別の撤廃，貧困の撲滅，健康と身体的福祉の増進，医療，災害，国際理解，子どもと若者への支援，障害を持った人々への支援，動物保護，科学，社会的包摂，社会的・経済的発展，社会福祉，スポーツとアマチュア競技である。草稿は，これらNPOの登録を統括する組織についても提案している。ヨーロッパ財団として登録されたNPOへの寄付は，各国において，国内のNPOへの寄付と同等に扱われる。この提案は，欧州議会と欧州委員会の関心を惹きつけ，欧州委員会は，ヨーロッパ財団のための立法に関して検討に入った。しかし，実現にはこぎつけていない。

　Hemelsは，国境を越える寄付への国際協調は，必ずしも税制の協調ではないと指摘する。現行では，Stauffer事件等にみられるように，ホスト国の基準に合わせるという考え方が採用されている。しかし，各国で異なるNPO基準に合わせて，それぞれの国でNPOを設立するコストは，国境を越える寄付の障壁となる。また，NPO設立国の基準をお互いに認める相互主義にも問題が

あることは前述のとおりである。Hemelsは，EUメンバー国の間で，何が国境を越える公益として相応しいかに関して合意することは可能であると述べている。例えば，ヨーロッパ財団センターが提案した草稿に盛り込まれた公益は，多くの国で共通する公益ではないかというのである。

協調するといっても，国内のNPO基準はそのまま維持し，ヨーロッパ財団の基準のみ合意すればよい。更に，ヨーロッパ財団への監督は，各国の監督機関に委ねることもできる。もし，EUメンバー国が，お互いに信頼できない場合には，この監督権は，EUレベルに委ねられる。Hemelsは，ホスト国の基準に合わせる方法も相互主義も，国境を越える寄付にとって最適ではなく，一歩踏み込んだ協調が必要なこと，協調の仕方は，メンバー国間の信頼によって異なる形態をとるだろうと結論づけている。

Ⅲ　グローバル・タックスと国境を越える寄付

国境を越えるNPOや国境を越える寄付に関する税制の協調は，税制が各国の主権に関わるだけに難しい問題を孕んでいる。問題は，NPO活動に国境を越える外部性があるかどうか，あるとすれば，その便益と各国主権を浸食するコストのどちらが大きいかである。前節では，必ずしも税制そのものの協調をしなくとも，EUレベルで国際NPOの基準を作り，NPOはその基準を満たすことで，各国の寄付金控除の対象となりうる，という考え方を紹介した。この節では，更に，近年，議論が盛んなグローバル・タックスの議論を参照しながら，国境を越えるNPOと寄付税制について検討する。[14]

近年，グローバル・タックスに関する議論が盛り上がりを見せる契機となったのは，2006年のフランスの連帯税導入である。諸富徹によれば，グローバル・タックスの議論の背景には，2000年の国連ミレニアム・サミットで採択された「ミレニアム宣言」や「ミレニアム開発目標」がある。そこには，発展途上国の貧困削減，初等教育の普及，衛生状態の改善，環境改善等，2015年までに達成されるべき目標が掲げられ，その財源として，先進国のODAを国民総所得比0.7％にするという目標が掲げられている。そして，この目標を達成するた

めには，先進国から途上国への資金移転が必要であり，その財源調達方法を検討するなかで，グローバル・タックスが注目されるようになったという。諸富は，政府レベルの資金移転にのみ着目し，ODAのことを述べているが，先進国から途上国への資金移転は，ODAのみでなく，本稿が対象とするNPOやNGOという市民公益活動や寄付を通しても行われていることは，留意すべきである。

　諸富は，グローバル・タックスが必要とされる理由の第1として，気候変動問題のようなグローバルな問題への対処が求められるようになったことを挙げ，これは，国際公共財の供給とその財源調達の仕組みを構想することを意味すると述べている。第2の理由は，国際的な再分配の必要性である。第3の理由は，国境を越える経済活動のうち，負の影響を与える活動を制御する政策手段が求められるようになったことである。例えば，国際的な投機的資金を制御するための政策手段としての国際通貨取引税（トービン税）構想がこれにあたるという。第4は，租税競争への対処の必要性である。

　諸富は，更に，グローバル・タックスの定義として，3つの要件を挙げている。第1は，課税対象となる経済活動が国境を越えていることである。第2は，その税収の一部または全部が国際公共財供給のための財源調達手段としての側面を持っていることである。第3は，課税対象が単一の国家ではなく，複数の国が共同して課税するか，または，超国家機関が課税する租税だということである。しかし，現実にはこれら3つの要件を全て満たす税は存在しない。

　国際通貨取引税は，課税ベースや課税方法を共通化して少なくとも数ヶ国同時に導入することになるため，本質的に国家主権を超える枠組みで導入・実施されるグローバル・タックスとしての性質を持つという。しかし，ある国で国際通貨取引税が導入されると，資金はその国を避ける等の租税回避行動が引き起こされるという困難がつきまとう。より根源的な批判としては，国際通貨取引税は，必ずしも通貨価値の変動性を抑制しないという実証分析があることである。しかし，この問題は，国際通貨取引税の制度設計を見直すことで回避できるという。

　最後に，国際通貨取引税の税収管理と使途の決定を誰が行うのかというガバ

ナンスの問題がある。国家代表で構成される国際機関では，民間団体や市民の意向が反映されにくい。諸富は，このガバナンス問題を解決するのに参考になるのが，EUであると述べている。EUの意思決定システムは，各国の利害を代表し，内閣に相当する「閣僚理事会」や，行政府である「欧州委員会」だけでなく，直接選挙によって各国から選出された欧州議員による「欧州議会」からなっている。しかも，欧州議会は，その権限を強めているため，各国国民の意向が反映されると考えられる。

次に，諸富は，フランスで導入された国際連帯税について検討する。国際連帯税は，フランスを出発する全ての航空便の乗客が課税の対象となる。国内便と欧州便であれば，エコノミークラスで1ユーロ，ファーストおよびビジネスクラスで10ユーロである。欧州域外への便は，それぞれ，4ユーロと40ユーロである。国際連帯税の税収は，国際機関を通じて，途上国で最も深刻なエイズ，マラリア，結核等の感染症対策のための薬剤購入に充てられるという。国際連帯税は，フランスをはじめ9ヶ国で実施されているが，共通の制度設計の下で共同課税されているわけではない。そのため，グローバル・タックスの要件のうち，第1と第2を部分的には満たすように見えるが，第3については満たしていない。

そもそも，フランスは，何故，途上国への支援のために，航空便への課税を始めたのであろうか。フランス政府によれば，航空便が環境に対して負の影響を与えているにも拘わらず，相対的に低水準の課税しかなされていなかった。諸富は，確かに，国際航空は，国家の課税権が及ばず炭素税の対象とされていなかったこと，加えて，航空産業はグローバル化の恩恵を受けて成長している産業であり，そこに新しい担税力を求めたのであろうと指摘する。

諸富は，国際連帯税には問題もあると指摘する。第1に，何故，海運やインターネット取引等の国境を越える経済活動には課税せず，航空便に課税するのかという疑問である。第2は，税収の使途が途上国への薬剤の購入という特定目的に固定される目的税となっていることである。目的税は，税収の使途や課税目的が応益性の観点から正当化されなければならない。しかし，国際連帯税では，便益の享受者は途上国の国民であり，税を支払う乗客は，そこからほと

んど何の便益も受けない。つまり，目的税であるにも拘わらず，応益性の点で問題があるといわざるをえないという。

しかし，これらの問題にも拘わらず，諸富は，フランスで導入された国際連帯税は，グローバル・タックスへのハードルの1つを超えたと高く評価する。その理由の第1は，ODAは各国の毎年の予算編成に左右されるが，国際連帯税は国際公共財や国際再分配のための安定的な財源となりうることである。第2は，国際連帯税は，国際公共財供給のための財源として，ODAや国際機関への拠出ではなく，租税を用いる仕組みを示したことである。第3の理由は，受益と負担の関係を，グローバルな規模で考える必要性に気づかせてくれたことである。

更に，諸富は，将来的に国際公共財を供給する必要性はますます高まり，その財源も必要となるが，ODAのみでは財源の安定性を確保できない上に，共同費用の公平な配分という点でも問題があると指摘する。そして，共通の課税ベースに依拠して応益，あるいは応因原則の観点から負担の根拠を説明しうる，国際的に共同の租税を財源として用いる必要性を強調する。

以上のように，諸富は，国際連帯税を高く評価し，グローバル・タックスの第一歩と位置づけているが，現実には，オランダのように，導入はしてみたが，乗客が国際連帯税のない隣国の空港から出発する便へと，容易に移動してしまうため廃止した国もある。グローバル・タックスの要件としては，課税対象となる経済活動が国境を越えていること，その税収の一部または全部が国際公共財供給のための財源調達手段としての側面を持っていること，課税対象が単一の国家ではなく，複数の国が共同して課税するか，超国家機関が課税する租税である必要がある。しかし，現実には世界中央政府というものは存在しない。そのため，どのように国際的協調を行うのか，現実的には大変難しい問題を孕んでいる。

植田和弘は，地球温暖化問題等の課題には，政府のみでなく，NPOや国際NGOを含む重層的ガバナンスが必要であると指摘する[15]。かかる指摘も踏まえれば，国際公共財の財源として，ODA等の政府による拠出や，課税による負担とともに，NPO活動や寄付を視野に入れて論じることが重要であるといえ

る。国境を越える NPO や寄付も，国境を越える外部性を持つ財の供給に関わるという点では，国境を越えた経済活動を行っており，その財源調達手段としての性格を持つ。また，超国家機関が課税するわけではないが，国際的な協調なしには，国際 NGO 税制や国境を越える寄付の促進が制限されることは，前述のとおりである。そのため，国境を越える NPO や寄付税制を，グローバル・タックスの議論に位置づけ，考えていくことは意味があるといえるだろう。

Ⅳ　おわりに

　本稿では，国境を越えて活動する NPO や，国境を越える寄付を促進する税制上の課題について検討した。国内における寄付金控除については，既に，租税法や財政学の観点から様々な議論が行われてきた。租税法の観点からは，寄付は，本来所得から控除されるべきものではないが，望ましい行為への報償ないしは誘因と捉えることができる。また，民主的政治過程への追加的入力と捉えることも可能であり，個人の多様な価値や欲求を承認し育成するという多元主義の観点からも望ましい等の指摘がある[16]。財政学の立場からは，寄付金控除によって寄付が誘発され，結果として望ましい準公共財の供給が増え，社会的厚生が増大するかどうか，という視点から実証分析も行われてきた。

　しかし，これらはいずれも，主として国内における NPO 活動や寄付を念頭においたものであった。国境を越える NPO や寄付に関して，どのように理論的根拠を与え，現実的な政策を行うかについては，いまだ議論の途上である。国境を越える NPO や寄付に対して，超国家的な扱いを阻害する要因は，公益の定義や基準が国により異なること，税制優遇の見返りとしての公益が国内に留まらないこと，国家主権や分権化と齟齬をきたすこと等が挙げられている。それに対して，公益を国内に限定した狭いものと捉えずに，より広い視野から捉える必要性が指摘されている。それは，国境を越える寄付を，国際公共財供給や国際的再分配の財源として，積極的に捉えようとする立場である。

　しかし，仮にそうした国境を越える外部性や再分配の必要性が認められたとしても，超国家機関による税制への介入は，国家主権への介入になる。そのた

め，この折り合いをどのように考えればよいのかが問題となる。これについても，見解が分かれるところである。増井は，日本の現状を念頭におき，1つの考え方として，認定NPOと同様の仕組みで，寄付金控除を認める外国NPOを認定したらどうかと述べている。板谷も基本的に同様の立場である。これは，国内法に基づいて，外国NPOを国内NPOと税制上同等に扱い，寄付金控除を認める片務的立場であるが，この方法の限界は，NPOが，様々な国の法律や基準を，その国の言語で理解し，異なる方法でNPO登録をしなければならないため，NPOの行政コストが大きいことである。

次の解決策としては，相互主義に基づく方法も考えられる。しかし，Hemelsが指摘するように，相互主義は，結果としてNPOの定義が最も広く，コントロールが最も緩やかな国でNPOを設立する現象を生み出し，真に公益性の高い活動に対して寄付金控除が行われるのかどうか保証できなくなる恐れがある。増井は，相互主義に基づくとしても，相手国の基準に合わせて全てを認める必要はなく，両国において望ましい非営利活動と考えられている部分について優遇措置を講ずればよいという。しかし，二国間の場合には，そうした対処が可能だとしても，その調整を多数の国々の間で行うのは困難を伴うであろう。

他方，石村は，様々な欠点を織り込んだ上で，外国NPOに対し，国内税制を活用した片務的な支援をすることも可能であるが，長期的には，国際的なスタンダードによる対応を行った方がよく，そのためには，国際NGOに関する多国間租税条約案ないし租税条約の制定といった課題に早く着手しなければならないと指摘する。

こうした日本における議論に対し，EUでは，欧州裁判所が，外国NPOを差別的に扱うことは，資本移動の自由に反し，EU内における差別的な扱いにあたるという判断を示している。これは，外国NPOへの個人寄付控除を認めていない日本より，一歩進んだ対応である。ただし，現状では，国境を越えて活動するNPOは，ヨーロッパ各国の登録基準を満たさなければならない。それに対して，ヨーロッパ財団の基準をつくり，EUレベルの監督機関が，国境を越えた公益性を持つNPOをヨーロッパ財団として認定する，という提案も

行われている。更にもう一歩踏み込んだ提案である。

　同様に、グローバル・タックスも、国際的なガバナンスという課題を抱えている。国境を越える経済活動への課税には、歴史的にみて3つの段階がある[19]。最初は、課税上のトラブルを国内法と租税条約で解決する段階である。2番目は、資本移動の加速化を背景とした1980年代以降における各国税制の接近である。3番目は、税制の協調であり、EUは、既に間接税において協調を行い、直接税においても各国の課税権に配慮しながら部分的に協調を行っている。例えば、大企業への共通課税ベース方式の導入が検討されているが、それは必要性の高い大企業にのみ、その導入を検討する等である。

　こうした歴史的段階をふまえると、国境を越えるNPOや寄付税制を、国際的協調のどの段階に位置づけるかによって、その理論的根拠や、現実的な制度設計が異なってくると思われる。本稿で検討したように、国境を越えるNPOや寄付は、多くの国々に関わる問題であり、国際公共財や国際再分配の財源としても重要な位置を占めることを考慮すれば、3番目の段階に位置づけ、国際的・重層的なガバナンスの問題として捉えることが適当であろう。

　NPO税制は法人税に、寄付金控除は所得税や法人税に関わるため、国家主権との調整が必要なことは前述の通りである。その際、所得税や法人税そのものは各国の主権に任せ、国際NPOとして認定する機能を国際的なネットワーク、あるいは超国家的な機関が担うことも可能である。国際的な基準で認定されたNPOは、各国の所得税や法人税に基づき、税制優遇を受けられることになる。これら国際NPOの監督は、各国間の情報交換と信頼関係を担保できれば、各国に委ねることもできるだろう。以上、本稿では、EUにおける最新の議論や、財政学におけるグローバル・タックスの議論を参照することにより、従来日本で議論されてきた枠組みより一歩踏み込んで、国境を越えるNPOや寄付税制について、その理論的根拠と現実の制度設計のあり方について検討した。今後は、実証的な研究を踏まえて更に議論を発展させることが必要である。

注
1) 1942年に寄付金控除が導入される以前は、法人は寄付額の全てを損金算入することができた。そのため、この寄付金控除導入により、事実上、控除額が制限されたことに

Ⅰ　シンポジウム　市民公益税制の検討

　　なる。
2)　石村耕治「国際 NGO 支援税制の日米比較」『白鷗法学』通巻第27号，2006年。
3)　増井良啓「外国 NPO への寄付と寄付金控除」日本税務研究センター編『税務事例研究』Vol.72，2003年。
4)　板谷智之「公益活動支援と税制」(立命館大学修士論文，2009年第18回租税資料館奨励賞受賞論文) など，租税法の立場からアプローチする論文が多い。
5)　石村，前掲論文。
6)　石村，前掲論文，118〜120頁。
7)　増井，前掲論文，37〜40頁。
8)　この報告は，2010年8月と9月に行われたエラスムス大学法学部教授の S. Hemels に対するインタビュー及び，Hemels, S. J. C. 'Are we in need of a European charity? How to remove fiscal barriers to cross-border charitable giving in Europe' *International tax*, Vol. 37, 2009, に多くを負う。
9)　この部分は，2011年3月28日に，Hemels 教授に直接確認した情報に基づく。
10)　Hemels, S. J. C., op. cit.
11)　ドイツ人である Persche 氏が，自分の別荘があるポルトガルの福祉施設に寝具やタオル，玩具等，1万8180ユーロ相当を寄付した。この現物寄付をドイツの所得控除の対象とすべきかどうかをめぐって争われた。欧州司法裁判所は，寄付控除を認めないことは，資本移動の自由に反するとして，Stauffer 事件と同様の判断を示した。
12)　Hmels. S. J. C., op. cit.
13)　Pelkman, J., Testing for subsidiary, *BEEP briefings*, No13, Colleage of Europe, Bruges, 2006, pp7-8.
14)　この節の議論は，諸富徹「グローバル・タックス」植田和弘・新岡智編『国際財政論』有斐閣，2010年，を参照した。
15)　植田和弘「グローバリゼーションの財政学」植田ほか編，前掲書，30〜33頁。
16)　増井良啓「所得税法からみた日本の官と民」江頭憲治郎・増井良啓編『市場と組織』東京大学出版会，2005年。
17)　増井（2003年），55〜56頁。
18)　石村，前掲論文。
19)　この部分の記述は，松田有加「国際課税における租税競争と協調」植田ほか編，前掲書，を参照した。

（ごとう・かずこ＝財政学）

2 CSR会計導入に伴う環境税創設の提言
―― 市民社会のインフラ整備に求められる企業活動の公益性 ――

髙 沢 修 一
(大東文化大学)

はじめに

　平成22 (2010) 年度税制改正 (以下,「22年度税制改正」とする) においては, 納税環境の整備等が盛り込まれ,「市民公益税制 (寄附税制)」について検討されている。つまり, 22年度税制改正においては, 法人に対し寄附をした者等に特例措置を与える認定NPO法人に係る措置の見直しが行われた。

　寄附税制は, 個人が支出した寄附金控除を対象とする所得税ばかりでなく, 法人税の観点からもアプローチされなければならない。なぜならば, 企業には, 社会の一員としての責任を自覚し, 慈善事業への寄附行為等の社会貢献活動を企業に課された責務として捉え, さらに, 経営戦略の面からも寄附行為は有益であると認識することが求められるからである。

　この企業の社会貢献活動を, フィランソロピー (philanthropy) と称するが, アメリカ企業では, "企業市民 (corporate citizenship)" としての社会的責任を果たすべく, 積極的なフィランソロピーが行われており, フィランソロピーが, 結果として "啓発された自己利益 (enlightened self -interest)" を企業経営にもたらすことになると考えられている[1]。このため, アメリカ連邦税法は, 法人による慈善寄附金 (charitable contribution) については, 課税所得の10％を限度として控除することを認め, そして, 上限を超過した部分については, 将来にわたり5年間を限度として繰り越すことを容認しているのである[2]。

　わが国においても, フィランソロピーに積極的に取り組んでいる企業数が多いにもかかわらず, 法人の支出する寄附金に対して全額損金を容認していない。

その事由としては、①寄附金を全額損金として認識した場合には、法人に利益操作の機会を与えることになり、②その法人の利益操作に伴い法人間の課税の公平性が侵されることになるとともに国家の財政収入を侵害する恐れも生じ、そして、③寄附金については、法人の事業活動との関連性が乏しいということが挙げられる[3]。

また、市民社会においては、企業の社会的責任（Corporate Social Responsibility）の存在意義も大きい。

企業の社会的責任（以下、「CSR」とする）の先駆的研究としては、1924年に発表されたシェルドン（Sheldon. O）の『経営のフィロソフィ』を挙げることができる。シェルドンは、「企業の根幹を成す労働者を単なる労働力として捉えるのではなく、市民として認識し市民生活の利益のためにも余暇活動の重要性についても考慮すべきである[4]」と提唱している。

シェルドンの研究は、企業経営における労働者の人間性を重視しており、CSRの萌芽として評価できる。1970年代を迎えると、CSRの重要性が認識され始め、企業の意思決定過程においては、企業活動が市民社会に及ぼす影響についても配慮すべきであると提唱されるようになった。さらに、1990年代以降、CRS研究は、企業のグローバル化および環境問題とも関連し合いながら進展し続けるのである。

また、CSRについての明確な定義は存在しないが、一般的に、企業に課せられた社会的責任のことを「CSR」と称している。そのため、CSRは、メセナおよびフィランソロピーと混同されがちである。

しかしながら、メセナが、"文化事業および芸能活動に対する資金援助に伴う物理的な社会貢献"であり、フィランソロピーが、"社会的な奉仕活動としての資金援助に伴う物理的な社会貢献"であるのに対して、CSRは、従来の"資金援助に伴う物理的社会貢献"に加えて、"人的な繋がりを重視した持続的な社会貢献"であるという点において、メセナおよびフィランソロピーとは大きく異なっているのである。

今日、企業活動におけるCSRの重要性を認識し、CSR会計の導入を検討する企業数が漸次増加しているが、CSR会計は、従来の会計のフレームワーク

を超え,管理会計(=内部報告会計的性向)と財務会計(=外部報告会計的性向)とを内包した存在である。そのため,CSR会計についての研究事例は僅小である。しかしながら,CSR会計の導入は市民公益税制が指標する社会的インフラの整備(=健全な市民社会の確立)に寄与する可能性が高い。

また,地球温暖化対策税(以下,「環境税」とする)の導入は,単に二酸化炭素の抑制に伴う地球環境保全のために有用なばかりでなく,CSRの普及にも影響を与えることになる。

よって,本報告においては,CSR報告におけるCSR会計の有用性を中心的な研究課題としながらも,併せて,CSR報告に伴い検討されるべきである環境税の導入効果とその可能性についての提言を行いたい。

I　CSR会計の定義

シェルドン(Sheldon. O)が『経営のフィロソフィ』を発表して以来,1970年代になると,デイヴィス(K. Davis)が,CSRについて「企業には社会的責任を負うことが求められ,企業の意思決定に拠る社会的価値観の統一を行うべきである[5]」と主張し,そして,キャロル(Carroll, A. B)は,「CSRは,企業の経営活動における経済的,法的,倫理的,社会的なすべての領域においてなされるべき自由裁量であるべきである[6]」と述べ,さらに,「CSRは,経済的責任,法的責任,倫理的責任,社会的責任の4種類の社会的責任によってピラミッド状に段階的に形成されている[7]」と説明する。

その後,1990年代を迎えると,フレデリック(Fredrick, W. C)は,CSR1(Corporate Social Responsibility=企業の社会的責任),CSR2(Corporate Social Responsiveness=企業の社会的即応性),CSR3(Corporate Social Rectitude=企業の社会的道義),CSR4(Cosmos Science Religion=宇宙・科学・新条)の4種類のCSRの存在を提唱している[8]。

しかしながら,会計学の研究領域においては,CSR会計についての明確な定義が確立されていない。そのため,本報告においては,CSR会計を,「情報の利用者(企業内外のステークホルダー)が,企業のCSR問題にかかわる事象を

【図表1】　CSR会計と財務会計の相違点

	CSR会計	財務会計
対象	企業内外のステークホルダー（Stakeholder）（株主・投資家・消費者・市民・経営者・従業員・地域社会）	企業外部のステークホルダー（Stakeholder）（株主・投資家を主体とする）
目的	適正な企業評価の提供（財務情報と非財務情報の提供）	有益な会計情報の提供（財務情報の提供）
期間	長期的（持続的）	短期的（原則・1会計期間）

リスクと認識して判断や意思決定を行うことができるように，CSRリスクのマネジメントのあり方とCSRパフォーマンスの向上に関連する活動を，財務諸表の会計数値に基づいて貨幣単位で識別・測定して伝達するプロセスである」と定義したい。例えば，CSR会計が，長期的な視点から株主および投資家ばかりでなく，消費者，市民，経営者，従業員および地域社会などの広範囲な利害関係者（ステークホルダー）への適正な企業評価の提供を目的としているのに対して，財務会計は，短期的な視点から株主および投資家を主体とする利害関係者（ステークホルダー）への有益な会計（財務）情報の提供を目的として，損益計算書およびキャッシュ・フロー計算書を重視する傾向が窺える。

また，CSR会計は，「従来の財務会計では認識できなかった事業活動の外生的な部分を，いかにして企業会計フレームワークに反映させるかという点から段階的に検討を進めることが，CSR会計をめぐる検討課題を浮き彫りにする」ことにつながると説明される。

つまり，CSR会計は，財務諸表上の会計数値を拠りどころとしながらも，図表1に示すように，その対象とする「ステークホルダー」および「報告データの作成目的」という点で，企業会計（財務会計）との差別化を図っており，財務情報に加えて非財務情報も提供する。

一方，会計のフレームワークとしては，図表2に示すように，外部報告会計と称する「財務会計」以外にも，内部報告会計と称する「管理会計」が存在する。そのため，CSR会計の実用化のためには，CSR会計に内包されている，外部報告会計的性向と内部報告会計的性向との整合性を図ることが求められる。

【図表2】 CSR会計と会計フレームワークの関連性

CFO・従業員	同質性が窺える 内部管理機能 ← → 課　題 経営管理手法 のシステム化	CSR会計 内部報告的性向 〈経営管理CSR〉	外部報告的性向 〈外部報告CSR〉	同質性が窺える 外部報告機能 → → 課　題 定量化の問題 形式化の問題	ステークホルダー
《管理会計》 内部報告会計					《財務会計》 外部報告会計

　しかしながら，現行の管理会計において用いられている種々の手法と同程度の管理手法および経営管理手法をCSR会計において確立させるためには多くの研究成果が求められることになるため，実務的なCSR会計分野においては，外部利害関係者への報告（＝CSR報告）が主体的存在となる。

　また，CSR会計を"企業の社会的責任会計"として捉えるならば，非財務情報を含む財務報告内容の充実化を意図したCSR報告の存在意義は高い。しかし，CSR会計を外部報告会計として認識した場合には，企業のCSR問題にかかわるリスク化の事象を，どのようにして定量化し数値換算するべきかという問題点と，どのような財務報告様式を採用するべきであるかという2つの問題点が生起するのである。

II　CSR会計の構造

1　CSR会計の体系化

　CSR活動計算書（総括）は，図表3に示すように，「環境配慮活動計算書」，「労働・人権配慮活動計算書」および「製品・サービス責任活動計算書」等により構成されている。

　環境配慮活動計算書とは，当該企業が動植物・水資源・鉱山資源・土壌などの環境システム（生物・非生物）に与える影響について検証した計算書のことであり，次いで，労働・人権配慮活動計算書とは，当該企業が労働者の基本的人権の保護と尊重，労働環境の質的な面および労使関係の人間関係などに与える影響について検証した計算書のことであり，そして，製品・サービス責任活動計算書とは，当該企業が提供する製品の欠陥，企業サービスの低下および顧

【図表3】 CSR会計計算書の体系

```
                    ┌─────────────────────────────────┐
                    │       CSR会計計算書              │
                    └─────────────────────────────────┘
《経済的側面》  ↓                              ↓《環境・社会的側面》
                                    ┌─────────────────────────────┐
                                    │   CSR活動計算書（総括）      │
                                    └─────────────────────────────┘
                                                ↓
┌─────────────────────┐              ┌─────────────────────────────┐
│                     │              │   環境配慮活動計算書         │
│ ステークホルダー別  │ ⇔《財務諸表》⇔│   労働・人権配慮活動計算書   │
│ 分配計算書          │              │   製品・サービス責任活動計算書 他│
│                     │              │                             │
└─────────────────────┘              └─────────────────────────────┘
            ↓                                      ↓
                    ┌─────────────────────────────────┐
                    │  CSR活動に対する外部評価一覧表  │
                    └─────────────────────────────────┘
```

（出所） 日本経済新聞社広告局編、NIKKRI NET「CSR会計計算書の体系とその種類」を基にして作成。

客情報の管理トラブルが，消費者，顧客および市民に与える影響について検証した計算書のことである。そして，CSR活動に対する外部評価一覧表とは，当該企業の行っているCSR活動の社会的評価を表示した一覧表のことである。

2　CSR関連コストの識別・測定

　CSR会計が，客観性を重視して財務諸表上の会計数値を拠りどころとするならば，財務諸表上の費用項目とCSR関連コストとの関連性を明確にしなければならない。つまり，CSR関連コストを識別しその数値を測定する場合には，経営主体の種別分類にもとづき企業が支出する費用項目を，「私的関連コスト（private cost）」と「CSR関連コスト」に分類して検討することが求められるのである[11]。なぜならば，CSR関連コストが，財務諸表上の費用項目の中に貨幣的支出として取り込まれているからである。

　つまり，財務諸表において費用項目を構成している貨幣的支出としては，「売上原価」，「販売費及び一般管理費」，「営業外費用」および「特別損失」の4項目が挙げられるが，図表4に示すように，これらの費用項目に内包されるCSR関連コストを顕在化させて抽出し，CSRコストと識別・測定することによりCSR関連コストを定量化することが可能となるのである[12]。

2　CSR会計導入に伴う環境税創設の提言

【図表4】　P/Lの収益および費用項目とCSR関連項目の関係

P/L《収益項目》		P/L《費用項目》		《CRS関連コスト項目》
売 上 高	費用収益対応 ⇔	売上原価	識別・測定 ⇔	環　境
		販売費及び一般管理費		労働・人権
営業外収益		営業外費用		製品・サービス
特別利益		特別損失		

3　ステークホルダー別分配計算書の活用

　CSR報告には，ステークホルダーに対する付加価値の分配を，損益計算書とステークホルダー別分配計算書（東日本鉄道株式会社グループ（以下，「JR東日本グループ」とする）では，「ステークホルダー別経費等内訳」と称する）を活用して開示する方式がある。例えば，JR東日本グループのCSR会計（以下，「JRGCSR会計」とする）では，図表5に示すように，連結財務諸表とステークホルダー別経費等内訳を関連させて，取引先など，従業員，株主，公共部門および債権者というようなステークホルダー別にCSR関連項目を識別して測定することにより，CSR情報を開示してCSR経営を推進させている。

　すなわち，JRGCSR会計は，連結財務諸表の会計数値という客観的な会計情報にもとづいてCSR関連コストを算定し，そして，ステークホルダー別経費の算定方法の明確化を図っているのである。

4　内部効果と外部効果の開示

　CSR報告には，CSR関連コスト効果を「内部効果」と「外部効果」に区分して開示する方式がある。三井住友海上グループホールディングスのCSR会計（以下，「MSIGCSR会計」とする）とは，環境会計の枠組みにもとづき，自社グループ作成のCSR会計基準を策定し，「社会貢献・福祉活動」，「倫理・コンプライアンス活動」および「環境保全活動」に関する自社グループの取り組み方を対象として，そのコスト（費用）効果を測定する財務報告システムのことである。

　すなわち，MSIGCSR会計では，「社会貢献・福祉活動」，「倫理・コンプライアンス活動」および「環境保全活動」の集計項目を設けることにより，CSR

Ⅰ シンポジウム 市民公益税制の検討

【図表5】 JR東日本グループの連結財務諸表とステークホルダー別経費等内訳

連結損益計算書		億 円	
営 業 収 益		26,573	
運輸業等営業費及び売上原価		17,185	(1)
販売費及び一般管理費	人 件 費	2,614	(2)
	諸 税	187	(3)
	そ の 他	2,304	(4)
	計	5,106	
営 業 利 益		4,280	
営業外収益及び特別利益		1,440	
営業外費用及び特別損失	支払利息	1,313	(5)
	そ の 他	1,341	(6)
	計	2,655	
税金等調整前当期純利益		3,066	
法人税,住民税及び事業税		1,405	(7)
法人税等調整額		△121	(8)
少数株主利益		23	(9)
当 期 純 利 益		1,758	(10)

ステークホルダー別経費等内訳	億 円	
取 引 先 な ど	16,619	(1) − ★ + (4) + (6)
従 業 員	6,826	(2) + ★
株 主	1,782	(9) + (10)
公 共 部 門	1,471	(3) + (7) + (8)
債 権 者	1,313	(5)

★……単体損益計算書,運送営業費中の人件費 4,212億円。

「ステークホルダー別経費等内訳」の算出方法

(注) 従業員の経費を算出するにあたり,連結損益計算書では運輸業の人件費を「運輸業等営業費及び売上原価」に含んでいるため,単体損益計算書に記載の「運送営業費中の人件費」を加えて費用を算出し,より実体に近づけています。

取引先など:「運輸業等営業費及び売上原価」から単体損益計算書の運送営業費中の「人件費」を控除した額,「販売費及び一般管理費」から「人件費」「諸税」を控除した額,「営業外費用」から「支払利息」を控除した額,「特別損失」の合計額としました。
従業員 :販売費及び一般管理費中の「人件費」及び単体損益計算書の運送営業費中の「人件費」との合計額としました。
株主 :「当期純利益」と「少数株主利益」の合計額としました。
公共部門 :販売管理費及び一般管理費中の「諸税」及び「法人税,住民税及び事業税」「法人税等調整額」との合計額としました。
債権者 :営業外費用中の「支払利息」としました

(出所) 東日本旅客鉄道株式会社「JR東日本グループ社会環境報告書2007」参照。

2　CSR会計導入に伴う環境税創設の提言

【図表6】　MSIG CSR会計《CSR会計計算書》

単位：百万円

集　計　項　目	CSR関連コスト		CSR関連効果					
			内部効果			外部効果		
			経済効果		その他効果	経済効果		その他効果
	2006年度	2007年度	2006年度	2007年度		2006年度	2007年度	
社会貢献・福祉活動	1,192	1,025	54	55		767	580	別表
倫理・コンプライアンス活動	4,720	4,682	206	195	別表	—	—	
環境保全活動	4,715	5,244	△305	△399		673	456	別表
共通	66	61	—	—				
総計	10,693	11,013	△46	△148		1,440	1,036	

	CSR関連コスト	CSR関連効果（経済効果）
社会貢献・福祉活動	・社会貢献，福祉目的による寄付金 ・しらかわホールなどの維持，運営コスト ・スマイルハートクラブの活動支援 ・スポーツ振興関連施設の維持コスト	【内部効果】 ・施設提供に伴う収入 【外部効果】 ・寄付金などの拠出額，寄贈した物品の貨幣価値 ・文化財団コンサート入場料の通常料金との差額
倫理・コンプライアンス活動	・コンプライアンス活動にかかわる人件費及び部件費 ・インターリスク総研による倫理及びコンプライアンス関連サービス提供コスト	【内部効果】 ・インターリスク総研による倫理及びコンプライアンス関連サービス提供売上げ
環境保全活動	・公害防止，地球環境保全，資源循環コスト ・自動車保険エコカー割引 ・インターリスク総研による環境関連サービス提供コスト ・環境マネジメントシステムの整備，運用にかかるコスト ・駿河台ビル屋上緑化のためのコスト ・「エコ車検及びエコ整備」普及支援コスト	【内部効果】 ・エネルギー消費コストの削減額 ・下水処理，廃棄物など処理費用の削減額 ・インターリスク総研による環境関連サービス提供にかかわる売上げ 【外部効果】 ・車両事故の超過修理費担保特約，対物事故の超過修理費担保特約による資源節減効果

	CSR関連効果（その他効果）
社会貢献・福祉活動	以下の活動の結果想定される【外部効果】 ・株主優待品などの物品の寄付 ・スマイルハートクラブの活動 ・スポーツ振興の取組みとして女子柔道，女子陸上競技の普及を推進

倫理・コンプライアンス活動	以下の活動の結果想定される【内部効果】 ・国内外におけるコンプライアンス推進体制の強化 ・保険料誤りに関する点検と適切な保険販売に関する取組みによる適正な保険契約引受の徹底 ・保険金支払に関する説明責任の履行と適切な保険金支払の徹底 ・社員，代理店に対する教育及び研修の継続実施によるコンプライアンス意識の徹底 ・モニタリングを通じたコンプライアンス推進状況の検証及び改善の徹底
環境保全活動	【外部効果】 ◆エネルギー消費量の削減 ・電気使用量　　　　2,662MWh ・ガス使用量　　　　202,469リッポーメートル ・熱供給使用料　　△3,340GJ ・ガソリン使用料　328kl ・水使用料　　　　△13,426リッポーメートル ・紙類使用量　　　△735t ◆大気への排出制限（自動車NOx・PM法に基づく報告資料より） ・NOx　　133kg ・PM　　　3kg ◆水域・土壌への排出量の削減　△12,525リッポーメートル ◆廃棄物などの排出量の削減　　42t

（出所）http://www.msig.com/csr/account/

関連コストの分析が可能となり，併せて，CSR＝"企業の社会的責任"に伴い派生する"社会関連コストの企業負担"の明確化を図ることができるのである。例えば，MSIGCSR会計では，第1に，社会貢献・福祉活動として，寄附金の拠出や文化事業等に対する各種支援金が表示され，第2に，倫理・コンプライアンス活動として，コンプライアンス関連の人件費や諸経費が表示され，第3に，環境保全活動として，公害防止・地球環境保全・エコ関連支出・地球マネジメント関連経費が表示されている。

また，MSIGCSR会計のCSR関連コストについては，図表6に示すように，「財務会計上の費用・損失あるいは通常よりも安価で商品・サービスを提供した場合の通常価額との差額などを集計し，また，CSR関連コスト効果については，自ら財務会計上の利益に貢献した効果を『内部効果』に，一般社会に与えた影響を『外部効果』に区分し，またそれぞれを貨幣単位で測定する『経済効果』と貨幣以外の数量で計測あるいは定性的に記述する『その他の効果』に区分する」[13]と説明される。

【図表7】 CSR会計の導入メリット

CSR報告	《経営戦略》の一環として、ホームページ上での開示 ⇨ 「CSRレポート」・「サステナビリティ報告書」の活用	●企業側のメリット ・企業のイメージアップ ・安定株主の確保 ・将来のリスク負担回避

Ⅲ　CSR会計の課題

1　CSR会計の導入効果

　ガルフ（Gelb and Strawser）は，戦略的なステークホルダーへの対応として，企業はCSR活動の一環として情報開示に取り組んでおり，CSR活動に積極的な企業ほど，情報開示に積極的に取り組んでいると主張する[14]。つまり，CSR会計の導入は，企業の戦略的なステークホルダー対策として位置づけられ，CSR会計を導入することの目的としては，**図表7**に示すように，(i)ステークホルダーに対する企業イメージの向上効果を期待することができる，(ii)企業イメージの向上に伴い，消費者および投資家などのステークホルダーの信頼を獲得することができ，その結果として持続性の高い安定株主の確保を可能とする，(iii)企業の反社会的行動を未然に防ぎ，積極的にCSR（企業の社会的責任）を明確にすることが，企業経営における将来のリスク負担を軽減することに繋がるということが挙げられる。つまり，大企業の企業経営においては，経営戦略の一環として，CSR会計が導入されているのである。

　また，CSR報告は，ホームページ上で開示されることが多く，「CSR活動に積極的な企業ほど，多様なステークホルダーと良好な信頼関係を戦略的に構築・維持しようとして，ホームページにおける情報開示を充実させ，そして，従業員や消費者といったように，企業を取り巻くステークホルダーを明確に志向してCSR活動に取り組んでいるかどうかが，企業ホームページにおける情報開示の充実と強く関連していることが示唆される[15]」のである。わが国においてCSR会計を導入している企業数は，16社（2010年4月現在）であるが，ホームページを活用して，「CSRレポート」または「サステナビリティ報告書」と

してCSR報告を行っている。[16)]

2 CSR会計の問題点

　会計とは，広くいえば，「情報を提供された者が適切な判断と意思決定ができるように，経済主体の経済活動を記録・測定して伝達する手続き[17)]」のことである。つまり，会計とは，会計情報を利用しようとする者が正しい経営判断と意思決定を行うことができるように，経営的環境および経済的情報を認識・測定・伝達する作業過程のことであると定義づけられる。そのため，本報告で取り上げたCSR会計においては，企業の経済活動を記録・測定するために財務会計（財務諸表）の会計数値にもとづき"費用対効果"を図るという試みがなされ，CSR報告により利害関係者に対する報告が行われている。

　しかしながら，CSR＝"企業の社会的責任"を前提とするCSR会計の算定において，投資家等の外部利害関係者の投資判断の拠りどころとして活用されることが多い財務諸表の数値をその計算基盤として採用することは，"企業の社会的責任"の明確化を目的とするCSR会計の導入意義とは異なるものになるという問題点を指摘することができる。そして，CSR会計が財務会計（財務諸表）の会計数値を，その計算基盤とした場合には，CSR会計が提供できる情報についても限定的なものにならざるをえないという問題点も指摘することができるのである。

　この指摘については，「CSR会計からアウトプットされる情報のより具体的な内容については，記述情報や物量情報も対象とするCSR報告書によって活動内容を補完するという方法が有効であると考えられる[18)]」と説明される。つまり，CSR報告は，従来の財務会計（財務諸表）の補完的情報としての役割を担う存在として位置づけられる。

　しかし，非財務情報の開示においては，財務諸表上の注記などを用いることも可能であり，CSR会計の有する本来の導入意義を考慮した場合には，財務諸表の会計数値を基盤とする計算方法に替わる新しい算定方法の採用を検討すべきである。

　また，CSR会計を導入している企業が，図表8に示すように大企業に限定さ

2 CSR会計導入に伴う環境税創設の提言

【図表8】　CSR会計の課題

CSR報告	意義 ⇒	財務会計の本来の目的は，株主および投資家等の外部利害関係者に対する有用な会計情報の提供を主体とする。CSR会計では，企業の社会的責任を会計情報として数値化することにより，社会インフラ整備の実現に寄与する。
	↓ 課題	
		財務会計が，広くすべての法人を対象としているのに対して，現行のCSR会計では，中小企業を除く，特定の大企業のみが対象となる。

れており，わが国の中小企業では採用されていないという事実にも問題点を指摘することができる。

わが国の法人のうちに中小企業の占める割合は大きく，中小企業の中には積極的にフィランソロピーを実施している企業も少なくない[19]。そのため，社会的インフラ整備のためには，特定の大企業に限定されることなく中小企業がCSR会計を導入できるような経営環境を醸成することが求められるのである。

IV　環境税の可能性

1　環境省の環境税導入案

現行のCSR会計の採用は，企業経営の中で経営戦略の一環として位置づけられ，あくまでも企業の任意となっており，企業の取り組み方に大きな差異が窺える。しかし，環境税の導入は，**図表9**に示すように，地球温暖化の抑制として存在意義があるばかりでなく，CSRの普及においても有用であるといえる。

もちろん，環境税をCSR会計と結び付けて導入した場合には，課税対象が製造業を主体としたものに限定されてしまう可能性があるが，第1段階として，製造業に対する環境税の導入を試みることによりCSRの普及を図り，第2段階として，製造業以外の業種に対する優遇税率の採用を検討することを提案したい。

環境税は，私的限界費用曲線と社会的限界費用曲線との差額に対して等しく課税することにより，外部不経済の内部化を意図することにより真の限界費用

【図表９】 環境税の導入効果

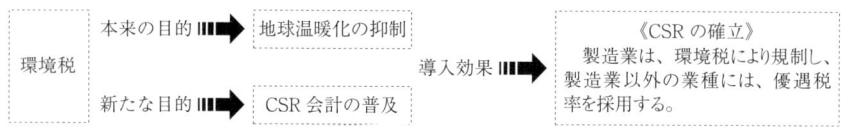

環境税 ── 本来の目的 ▶ 地球温暖化の抑制
　　　　── 新たな目的 ▶ CSR 会計の普及

　　　　　　　　　導入効果 ▶ 《CSR の確立》
　　　　　　　　　　　　　　製造業は，環境税により規制し，製造業以外の業種には，優遇税率を採用する。

を求めるという政策税制である「ピグー税」を源流とする[20]。

　つまり，環境税とは，地球温暖化の防止を目的として生じた政策税制であり，環境汚染物質の排出量に対して課税することにより外部費用を内部化し，生産水準を最適化しようとする試みのことであるため，地球温暖化の主因となっている二酸化炭素の排出量が課税対象となる。しかしながら，「社会における二酸化炭素排出の全てを監視し課税するのは非現実的であり，実際には，化石燃料に対し二酸化炭素含有量に比例する税率で課税することになり，実務的には，二酸化炭素含有量そのものを課税標準とするのではなく，所要の換算を行った上で，『炭化水素油の体積』や『石炭の質量』を課税標準とする」[21]ことになる。

　また，環境税は，二酸化炭素の排出量を課税対象とするため「炭素税」とも称されるが，炭素税の導入効果については，「第一に，炭素含有量の多いエネルギーを多く用いて生産される製品の相対価格は上昇し，必然的に産業構造の変化や，その製品に対する需要のシフトを引き起こすであろう。エネルギー多消費型の製品の生産・需要を抑制し，二酸化炭素排出量を減少させる。第二に，省エネ技術が開発され，省エネ設備投資も増加し，その効果は二酸化炭素削減に及ぶだろう。炭素税導入の結果，長期的には地球温暖化防止に役立つ技術開発が一層促進されるものと思われる。第三に，いわゆる国民に対するアナウンスメント効果である。炭素税導入を契機に，環境保全意識が高まり，それによりムダなかつ不要不急のエネルギー消費が，節約されるかもしれない」[22]と説明される。

　環境税の発端となったのは，1997（平成９）年に採択され，2005（平成17）年に発効した京都議定書である。京都議定書では，わが国に対して６％の温室効果ガス削減が求められており，その対応策として「低炭素社会づくり行動計画」にもとづいて税制のグリーン化が進展することになる。その後，環境税の創設

【図表10】 環境省の環境税導入案

区　分		内　容
課税標準	家庭・オフィス	灯油・LPG
	工場等	石炭・重油・天然ガス（大口排出者による申告納税方式を採用）
	家庭・オフィス・工場等	電気・都市ガス業者が使用する化石燃料に対して課税
税率	炭素トン	約655円／二酸化炭素（C重油：1.96円／リットル・石炭：1,580円／トン）
	税収額	約3,600億円（家計負担：世帯当たり年間約2,000円／月額約170円）
軽減措置	大口排出事業者	削減努力をした場合→8割削減措置
	鉄鋼等製造用の石炭・コークス等	免税
	灯油	5割軽減措置
税収	使途	一般財源

（出所）　http://www.env.go.jp/policy/tax/know/0811/0811a.pdf

については，環境庁（現環境省）の審議会や各種研究会において継続的に研究され，2008（平成20）年，環境省は，図表10に示すような「税制のグリーン化について」の提案を行っている。

環境税は，環境省の提案に拠れば，化石燃料を課税標準として二酸化炭素1トン当たり約655円の税率が課税される。しかし，国際競争力の確保や排出削減努力の奨励促進等を目的として，大口排出事業者が削減努力をした場合には，申告納税方式を採用して80％の減額を容認しているのである。

2　二重課税の問題

環境税に類似した存在として「法定外税」が存在するが，法定外税とは地方団体が独自に条例で定めることが容認されている税金のことであり，地方税法第259条・第669条・第731条を拠りどころとして，事前に総務大臣と協議し，その同意を得ることにより成立している。

しかしながら，法定外税には，二重課税の問題点が指摘される。例えば，福岡県の「産業廃棄物税」（道府県法定外目的税）と福岡県北九州市の「環境未来税」

【図表11】 法定外目的税の比較

団体名	税目	課税客体	課税標準	納税義務者	徴収方法	税率	施行年月日
福岡県	産業廃棄物税	焼却施設及び最終処分場への産業廃棄物の搬入	焼却施設及び最終処分場へ搬入される産業廃棄物の重量	焼却施設及び最終処分場へ搬入される産業廃棄物の排出事業者及び中間処理業者	特別徴収 ※自社処分は申告納付	焼却施設：800円／トン 最終処分場：1,000円／トン	2005（平成17）年4月1日施行
北九州市	環境未来税	最終処分場において行われる産業廃棄物の埋立処分	最終処分場において埋立処分される産業廃棄物の重量	最終処分場において埋立処分される産業廃棄物の最終処分業者及び自家処分業	申告納付	1,000円／トン ※条例施行後3年間は500円／トン	2003（平成15）年10月1日

（出所） 総務省ホームページ。

【図表12】 エネルギー諸税および環境税案

原油							天然ガス	石炭	〈発電〉燃料
石油石炭税									
									①
ガソリン	軽油	LPG	灯油	ジェット燃料		重油			電力
揮発油税	軽油引取税	石油ガス税	①	航空機燃料税		②			電源開発促進税

（出所） 篠原克岳「環境税（地球温暖化対策税）とエネルギー関係諸税について」税大論叢第61号（税務大学校、2009年）186頁。

（市町村法定外税）との間では、図表11に示すように、課税客体および課税標準において重複部分がみられるのである。[23]

また、環境税も、各種エネルギーを課税対象とするため、既存のエネルギー関係諸税との間で二重課税の問題点が指摘されている。しかしながら、環境税は、図表12に示すように、既存のエネルギー関係諸税を補完するようなシステムを採用することにより二重課税を防ぐことができる。

すなわち、環境税は、①家庭とオフィスでの消費を対象とした課税であり、②工場での消費（大口事業者）のみを対象とした申告納税方式の課税であり、

そして，③発電用の化石燃料を対象とした課税であるというように，既存のエネルギー関係諸税の補完税という位置を占めることにより，法定外税とは異なり二重課税となることを防いでいるのである。[24]

V 環境税の計算例

環境税の課税方法についてはいくつかの試案が存在するが，本報告では"環境税＝炭素税"という認識の下，電機会社の事例を用いて説明したい。[25] 現在，電機会社大手9社の中でCSR会計の導入を試みている企業は，株式会社東芝1社である。株式会社東芝は，株式会社東芝を主体としてグループ連結会社542社で東芝グループ（2010年3月31日現在）を構成している。

東芝グループでは，図表13に示すように，『CSRレポート』の「ステークホルダー別分配計算書」にもとづき，ステークホルダー別（取引先，従業員，株主，債権者，政府・行政，社会，環境，企業内部）にCSR関連項目を識別・測定し，CSR情報を開示してCSR経営を推進させている。つまり，「ステークホルダー別分配計算書」は，財務諸表（損益計算書・キャッシュ・フロー計算書等）上の数値を拠りどころとして独自の算定方式にもとづきステークホルダーへの経済的価値の分配を行っているのである。

また，東芝グループのCSR会計の特徴としては，「さまざまなステークホルダーとの関わりの中で事業活動を行うことで経済的な価値を生み出すとの視点に立ち，ステークホルダーに対する経済的な影響度（金銭の分配額）を計算書形式で整理している点に見出せる」[26]のである。

しかしながら，『CSRレポート』においては，財務諸表上の数値にもとづくCSR定量化に関する具体的な算定方法が明示されていないためステークホルダーに対する開示が不十分であり，CSR会計の情報利用が制限されてしまうという問題点を指摘することができる。

東芝グループの環境に関する詳細なCSR情報については，「2010環境レポート」から求めることができる。つまり，「CSRレポート2010」では，地球温暖化の防止に貢献することを目的として，図表14に示すように，エネルギー起源

【図表13】 株式会社東芝のステークホルダーへの経済的価値分配

ステークホルダー	分配額（億円） 2009年度	分配額（億円） 2008年度	金額の算出方法
取引先	48,671	55,180	売上原価（人件費を除く），販売費・一般管理費〈人権費を除く〉
従業員	13,973	13,867	売上原価と販売費・一般管理費のうちの人件費
株主	57	503	キャッシュ・フロー計算書の配当金の支払い
債権者	357	337	営業外費用のうちの支払利子
政府・行政	297	543	法人税など
社会	27	30	社会貢献に関する支出を独自に集計
環境	543	608	環境に関する支出を独自に集計　環境会計での環境保全費用 詳細は，ホームページに掲載（http://eco.toshiba.co.jp）
企業内部	▲197	▲3,792	当期純利益から配当金支払い分を除いたもの

※社会，環境への分配金額は，取引先，従業員への分配金の中にも含まれている。
（出所）　東芝グループ「CSR レポート2010」参照。

【図表14】　東芝グループのエネルギー起源 CO_2 排出量〈2009年度〉の内訳

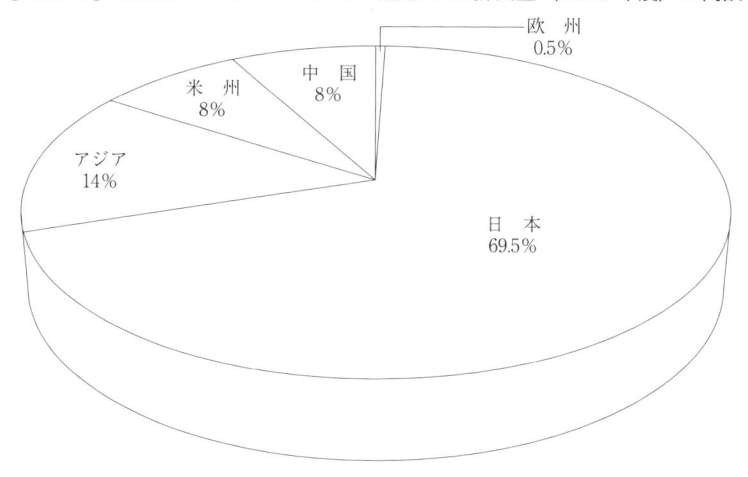

- 欧州　0.5%
- 中国　8%
- 米州　8%
- アジア　14%
- 日本　69.5%

（注）　東芝グループの国内エネルギー起源 CO_2 排出量の総額は 249 万トンである。

CO_2排出量の内訳が開示されているのである。

　環境税は，環境省の提案に拠れば，化石燃料を課税標準として二酸化炭素1

2 CSR会計導入に伴う環境税創設の提言

【図表15】 ETRの計算方法

環境税の納税額＝(エネルギー及び二酸化炭素などの環境負荷への課税)−(事業主及び被保険者が負担する年金保険料)

トン当たり約655円の税率が課税される。東芝グループのエネルギー起源CO_2の国内排出量(2009年度)は、東芝グループ「CSRレポート2010」の資料に拠れば、約1,730,550トン(2,490,000トン×69.5％)と見積もることができる。そのため、環境税を単純計算すれば、1,133,510,250円(約1,730,550トン×655円)となる。

しかしながら、本報告では、1,133,510,250円を環境税の納税額とするのではなく、EU諸国において、1990年代から導入されている「環境税制改正〈Ecological Tax Reform〉」(以下、「ETR」とする)にもとづく環境税の税額計算を提案したい。

ETRとは、図表15に示すように、ビンスバンガー(H. C. Binswanger)が提案した考え方であり、エネルギー・二酸化炭素などの環境負荷に対して課税を行う一方で、事業主および被保険者が負担する年金保険料を引き下げることにより納税者の負担の中立化を図ることにより、同時に雇用の拡大も図るという試みである。

実際に、1999年にETRを導入したドイツ経済研究所の報告によれば、2004年には二酸化炭素換算で8,344億トンという数値であり、仮にETRが実施されなかった場合と比較したならば、約2,000万トンの削減効果があり、併せて2003年までには25万人の雇用増があったと報告されている。[27]

東芝グループの環境税額をETRの計算方法にもとづいて算出した場合、前述の1,133,510,250円と財務諸表(損益計算書)上の年金費用とを比較したならば、納税の必要性が消失することになるのである。[28]

すなわち、環境税は、年金保険料減額により中立化されるという課税システムを取ることにより、CO_2排出量の抑制と雇用の増大という2つの目標を同時に達成することができるのである。

一般的に、税務会計は、課税の公平性の確保を目的とする法人税法を中心とし、法人税法施行令、法人税施行規則、法人税取扱通達などによって補完され

た会計制度のことである。この通説に対して，富岡幸雄博士は，法人所得税（法人税）および個人所得税（所得税）などのような所得課税における課税標準である課税所得の概念構成および計測をめぐる問題を課題とする所得税務会計を税務会計の中心的テーマとしながらも，税務会計には，この他に財産税務会計および消費税務会計も存在すると述べる[29]。つまり，法人税額の算定を目的とすることだけが税務会計の研究領域であるとはいえないのである。

　また，「税務会計学」は，課税所得の算出とそれに伴う納税額の算出という納税義務の達成に向けて行動しておりシステムの要件を充足させている[30]。この「税務会計学」のシステム性を重視した場合には，CSR会計に対応させて「CSR税」という税制を創設すべきであるが，非財務データを数値化し課税標準を定めることは容易ではない。そのため，本報告では，CSR会計の導入に対応した税制として「環境税」，厳密な意味では「ETR」の計算方式を採用した「環境税」の創設を提案したのである。

　ただし，環境税の適用範囲は，大企業および中小企業の区別なく，広義の意味では"CSR=企業の社会的責任"が問われるべき企業に限定して適用すべきであり，狭義の意味では，CO_2排出量を一定の目安とすることを提案したい。しかしながら，CO_2の排出量の抑制を前提とする「ETR」の採用は，あくまでもCSR会計導入に伴う環境税創設の第1段階であって，さらに適格な税制の整備について検討すべきである。

　また，環境税に対応した会計領域としては，「環境会計」も存在するが，環境会計は，「企業等が，持続可能な発展を目指して，社会との良好な関係を保ちつつ，環境保全への取組を効率的かつ効果的に推進していくことを目的として，事業活動における環境保全のためのコストとその活動により得られた効果を認識し，可能な限り定量的（貨幣単位又は物量単位）に測定し伝達する仕組み」と定義される[31]。

　つまり，環境会計の会計領域は"企業の社会的責任"全般を対象とするCSR会計の領域に包括されていると認識することができ，将来的に環境会計からCSR会計へと会計システムの転換を図る企業が増加することも予測されるのである。

Ⅵ おわりに

　2010（平成22）年8月30日，政府与党である民主党の税制改正プロジェクトチーム（座長　五十嵐文彦衆議院議員）は，2011（平成23）年度税制改正に向けて，環境税の創設に関する検討を開始した。しかし，環境税の創設・導入に関しては，経済界の反対を受けて紆余曲折の歴史を重ねており，実現までの道程は必ずしも平坦ではないが，地方自治体においては，既に地方環境税の導入が実現している[32]。

　また，22年度税制改正において，「市民公益税制（寄附税制）」について検討され，法人に対して寄附をした者等に特例措置を与える認定NPO法人に係る措置の見直しが行われているが，寄附税制の整備が社会インフラの実現を目的としているのであれば，"CSR＝企業の社会的責任"についても問われるべきである。

　現在，企業活動におけるCSRの重要性がしだいに認識され始めているが，"CSR会計＝企業の社会的責任会計"の導入の有無については，企業の自主的な判断に委ねられているため，CSR会計の採用を決定している企業は必ずしも多くはない。そのため，本報告では，CSR財務報告に伴う環境税導入の提言を試みたのである。本報告では，CSR会計を導入させ，そしてCSR財務報告を企業活動の中に定着させる手段の1つとして，CSR会計に伴うCSR財務報告が不十分な企業に対して環境税を課すことを提案したい。なぜならば，環境税は，"地球温暖化の抑制"としての存在価値を有するばかりでなく，"CSRの普及"においても有用性が高く，CSRの概念は，"地球温暖化の抑制"に内包されているといえるからである。

　もちろん，環境税をCSR会計と結び付けて導入した場合には，課税対象が製造業を主体としたものに限定されてしまう可能性があるが，第1段階として，製造業に対する環境税の導入を試みることによりCSRの普及を図り，第2段階として，製造業以外の業種に対する優遇税率の採用を検討することを提案したい。

さらに，環境税が消費税の代替として活用されることを防ぐことを目的として，環境庁試案の環境税とは異なり，一定の法人税額を納税する企業または一定の企業規模を有する企業を納税義務者として限定して課税することを提案したい。

従来，会計学は，株主および投資家等の外部利害関係者を対象とし外部報告会計と称される「財務会計」と，経営管理者等を対象とし内部報告会計と称される「管理会計」を両輪として成立していた。しかし，CSR会計は，"CSR＝企業の社会的責任"を前提として，長期的な視点から株主および投資家ばかりでなく，消費者，市民，経営者，従業員および地域社会などの広範囲な利害関係者（ステークホルダー）への適正な企業評価の提供を目的としており，市民社会のインフラ整備の上で有用性が高い会計領域であると評価できる。しかしながら，CSR会計におけるステークホルダーは，情報ニーズが異なる場合でも財務諸表という一元的な会計情報で充足される財務会計上のステークホルダーとは異なり，必ずしも一元的な会計情報ですべてのステークホルダーの情報ニーズが充足されるという性質を有するのものではないため，ステークホルダーの選定がCSR会計の有用性を決定づけることになる[33]。

また，税務会計における，「会計学」と「税法学」とのシステム性を重視した場合には，CSR会計に対応した税制として「ETR」を前提とする環境税の課税システムの構築が求められることになる。

つまり，ETR導入の試みは，企業が排出するエネルギーおよび二酸化炭素などの環境負荷に対して課税を行う一方で，事業主および被保険者が負担する年金保険料を引き下げることにより納税者負担の中立化を図り，併せて雇用の拡大を図ることができる可能性を有しているのである。

よって，本報告では，CSR会計導入の重要性を提言するとともに，CSR会計を普及させるための1つの手段として環境税の創設を提言したのである。

注
1) 牛尾奈緒美「企業フィランソロピーに関する一考察」（三田商学研究，1996年）第39巻157～159頁。
2) 伊藤公哉『アメリカ連邦税法（第4版）』（中央経済社，2009年）386頁。Linda

Sugin, *"Encouraging Corporate Charity"*, The Virginia Tax Review 26 Va.Tax Rev.125, 2006, pp. 1-37.
3) 髙沢修一『法人税法会計論』（森山書店，2010年）84頁。
4) Sheldon, O., *"The Philosophy of Management"*, Sir Isaac Pitman and Sons Ltd. 1924 企業制度研究会訳『経営のフィロソフィ』（雄松堂書店，1975年）79頁。
5) K. Davis, *"The Case for and Against Business Assumption of Social Responsibilities"*, The Academy of Management Journal. Vol. 16, No. 2, 1973, Academy of Management, pp. 312-322.
6) Carroll, A. B, *"A Three-dimensional Conceptual Model of Corporate Performance"*, Academy of Management Review, Vol. 4, 1979, pp. 497-505.
7) Carroll, A. B, *"The Pyramid of Corporate Social Responsibility:Toward the Moral Management of Organizational Stakeholders"*, Business Horizons, Vol. 34 No. 4, 1991, Indiana University Graduate School of Business, pp. 39-48.
8) Fredrick, W. C, *"Moving to CSR4"*, Business and Society, Vol. 37, No. 1, 1998, Sage Publications, pp. 40-59.
9) CSR会計ガイドラインプロジェクト編著『CSR会計ガイドライン』（麗澤大学企業倫理研究センター，2007年）16頁。
10) 倍 和博『CSR会計への展望』（森山書店，2008年）72頁。
11) 今福愛志「CSR会計のフレームワークの再構築：CSRリスクマネジメントと会計」（企業会計，2004年）Vol. 56 No. 9, 21頁。
12) 倍・前掲書71〜73頁。
13) 三井住友海上グループホールディングス「CSR Report 2007」35〜36頁。
14) Gelb, D. S. and J. A. Strawser, *"Corporate Social Responsibility and Financial Disclosures : An Alternative Explanation for Increased Disclosure"*, Journal of Business Ethics 33(1), 2001, pp. 1-13.
15) 記虎優子「企業の社会的責任（CSR）活動とホームページにおける情報開示の関係」同志社女子大學學術研究年報58（2007年）51頁。
16) CSR財務報告としては，エスエス製薬株式会社「CRS報告書」，エヌ・ティ・ティ・ドコモ株式会社「NTTドコモグループCSR報告書」，コクヨ株式会社「コクヨグループCSR報告書」，株式会社西友「西友サステナビリティ・レポート」，東京ガス株式会社「CSR報告書」，東京コカ・コーラボトリング株式会社「CSRレポート」，富士フィルムホールディングス「サステナビリティレポート」およびユニ・チャーム株式会社「CSR報告書」（アイウエオ順）等が挙げられる。
17) 飯野利夫『財務会計論（三訂版）』（同文舘書店，1997年）1〜3頁。
18) 倍・前掲書207〜208頁。
19) 2006年度の中小企業の占める割合は，47.7%（製造業），63.8%（卸売業），70.1%（小売業）であり，中小企業に勤務する従業員数は，全産業の中の77.8%を占めている。（出所）商工総合研究所（2008年）4〜10頁。
20) ピグー税は，社会的限界費用曲線を把握することが難しく，最適税率を求めることが

容易ではないと評される。Pigou, A. C., *"The Economics of Welfare, Macmillan"*, 1st edn., 1920, 2nd edn., 1924, 3rd edn., 1929, 4th edn., 1932. 気賀健三・千種義人・鈴木涼一他共訳『厚生経済学（第4版）』（東洋経済新報社，1953年）に詳しい。

21) 篠原克岳「環境税（地球温暖化対策税）とエネルギー関係諸税について」税大論叢第61号（税務大学校，2009年）149頁。

22) 石 弘光『環境税とは何か』（岩波書店，2004年）117～118頁。

23) 北九州市は，重複部分について，基礎地方団体である「市」が優先されるべきであるという考え方を示している（北九州市編「税のあり方に関する最終報告書」（2003年3月）41頁）。

24) 篠原・前掲186頁。

25) 環境庁の試案以外にも，財団法人地球環境戦略研究機関持続性センターエコアクション21（事務局長・竹内恒夫）は炭素1kg当たり45円で試算し，環境・持続社会研究センター（JACSES）炭素税研究会は炭素1トン当たり6,000円で試算している。

26) 倍・前掲書153～154頁。

27) Gesamtwirtschaftliche Effekte der Oekologishen Steuerreform, Forschungs-projekt in Auftrag des Umweltbundesamtes (Berlin.03.Juni.2005), 竹内恒夫「日本版環境税制改革——基礎年金一元化，150万人雇用増なども実現」公共研究第3巻第4号（千葉大学，2007年）30～31頁。

28) 東芝株式会社の連結財務諸表に拠れば，725,620,000,000円（2009年度）のうちには，未払退職金も含まれているが，年金費用と未払退職金とを区分することが容易ではないため，本報告では，全額を年金費用として計算する。

29) 富岡幸雄『税務会計学原理』（中央大学出版部，2003年）23～24頁。

30) 髙沢・前掲書6頁。

31) 本ガイドラインで取り扱う環境会計は，「環境保全コスト（貨幣単位），環境保全効果（物量単位），及び環境保全対策に伴う経済効果（貨幣単位）を構成要素とし，それぞれ数値及びそれを説明する記述情報で表現されます。言い換えれば，企業等の活動を貨幣単位で表現した財務パフォーマンスの部分である環境保全コスト及び環境保全対策に伴う経済効果と，物量単位で表現した環境パフォーマンスの部分である環境保全効果とを体系的に認識・測定・伝達する仕組みです。さらに環境会計の結果を分析や評価に役立てることもできます」と説明される（「環境庁・環境会計ガイドライン2005年版」（環境庁，2005年）2頁）。

32) 地方自治体では，2000（平成12）年に成立した地方分権一括法にもとづく地方税法改正を拠りどころに，地方の課税自主権の行使として環境税（以下，「地方環境税」とする）が導入されており，地方環境税の代表的な事例としては，2003（平成15）年に高知県が地方分権の時代における県民参加型の税制として，積極的に導入を試みた「森林環境税」の存在が挙げられる。高知県の森林環境税は，第1に，県民参加による森林の保全と，第2に，公益上，重要で緊急な整備が必要とされている森林の環境面の機能の保全とを目的として，個人県民税および法人県民税の均等割り額に年額500円を上乗せするという県民税均等割りの超過課税という形態で導入されている。しかしながら，高知県の森

2　CSR会計導入に伴う環境税創設の提言

林環境税の高知県全体の税収に占める割合は0.003％程度の低い数字であり，課税自主権の行使による自主財源の確保という視点から鑑みた場合には極めて脆弱である（http://premium.nikkeibp.co.jp/em/column/ueta/54/index.shtml）。

33)　上妻義直「日本型CSR報告書の特性」會計第173巻第4号（2008年）527頁。

【補足資料】　海外では，下表のように温暖化対策に関連する税制改正が行われている。

改正年	国区分	改正内容
1990年	フインランド	いわゆる炭素税（Additional duty）導入
1991年	スウェーデン	二酸化炭素税（CO_2 tax）導入
	ノルウェー	二酸化炭素税（CO_2 tax）導入
1992年	デンマーク	二酸化炭素税（CO_2 tax）導入
	オランダ	一般燃料税（General fuel tax）導入
1993年	イギリス	炭化水素油税（Hydrocarbon oil duty）の段階的引き上げ（〜1999年）
1996年	オランダ	規制エネルギー税（Regulatory energy tax）導入
1999年	ドイツ	鉱油税（Mineral oil tax）の段階的引上げ（〜2003年），電気税（Electricity tax）導入
	イタリア	鉱油税（Excises on mineral oils）の改正（〜2005年まで段階的引上げ。石炭等を追加）
2001年	イギリス	気候変動税（Climate change levy）導入
2004年	オランダ	一般燃料税を既存のエネルギー税制に統合《石炭についてのみ燃料税として存続（Tax on coal）》 規制エネルギー税をエネルギー税（Energy tax）に改組
2006年	ドイツ	鉱油税をエネルギー税（Energy tax）に改組（石炭を追加）
2007年	フランス	石炭税（Coal tax）導入

（出所）　http://websearch.e-gov.go.jp/cgi-bin/common.cgi

（たかさわ・しゅういち＝税務会計学）

3 非営利公益団体課税除外制・公益寄附金税制の根拠をさぐる
―― 日米における所得課税上の分析を中心に ――

石 村 耕 治
（白鷗大学）

はじめに

　市民が主体となった第三（独立）セクターにある民間の非営利公益団体（NPO/NGO[1]）の活動を促進するためには，税制のあり方も重い課題となる。わが国はもちろんのこと，諸外国においても，民間の非営利公益団体の活動を促すねらいから，さまざまな税制上の支援措置を講じてきている[2]。重要な税制上の支援措置は，大きく2つに分けられる。1つは，①非営利公益団体（法人）「本来の活動」もしくは「本来の事業」[3]または個別の事業活動プログラム[4]や「収益事業（非関連事業）[5]」に対する課税除外[6]（非課税・免税）[7]措置である。そして，もう1つは，②非営利公益団体（法人）の本来の事業活動または個別の事業活動プログラム[8]に支出した寄附金に対する控除・損金算入措置[9]（公益寄附金税制[10]）である。

　こうした税制支援措置は，所得課税上のものはもちろんのこと，資産課税や消費課税上のものまで多岐にわたる。なかでも，所得課税および資産課税上の措置は，重要な位置を占めており，今回は，これらの支援措置を中心に租税理論上の正当化の根拠を分析してみる。近年，アメリカでは，「正義論（theories of justice）」に基づいて支援税制措置の正当化の根拠を検証しようとする動きを強めている。この点についてもふれる。

I　非営利公益団体に対する税制上の支援措置

　非営利公益団体に対する税制上の支援措置の根拠や存在意義などについては，大きく分けて，①課税除外措置と公益寄附金税制とを分けて検証する方法と（二分分析論），②双方を一体して検証する方法（一体分析論）がある。
　現行税制においては，課税除外措置の適用を認める場合には，とかく非営利性（non-profitability）を強く問う傾向が強いのに対して，公益寄附金税制の適用を認める場合には，非営利性のみならず，高い公益性（public interest/charitable purpose）ないし公益の増進性（public benefit）をも問う仕組みになっている[11]。こうしたことから，とかく二分分析論が支持される。

1　課税除外措置の根拠

　民間の非営利公益団体の事業活動については，法人所得課税（法人税，法人所得税）上，その全部または一部を課税除外（非課税・免税）としている。その理論的根拠については，大きく「伝統的な根拠」と「現代的な根拠」に分けて精査できる。

（1）　わが国における伝統的な課税除外の根拠

　わが国における非営利公益団体の本来の事業活動に対する非課税措置は，沿革的には，社寺・墓地など宗教用資産に対する地租の取扱にその端を発する。しかし，こうした措置を講じた背景にいかなる根拠があったのかは定かではない。
　一方，わが国で初めて法人の所得（第1種所得税）に課税するとしたのが，1899〔明治32〕年の所得税法改正（1899〔明治32〕年法律17号）である。この改正では，「営利ヲ目的トセサル法人ノ所得」は非課税とされた（5条4号）。その根拠，すなわち立法事実，については，当時の帝国議会の審議録に若干の記述があり，参考になる。
　1898〔明治31〕年12月13日に開催された第13回帝国議会衆議院所得税法改正に係る審査特別委員会では，次のような質疑応答が交わされている[12]。

「○齋藤安雄議員　5条4号『営利ヲ目的トセサル法人ノ所得』
○政府委員（若槻礼次郎）『営利ヲ目的トセサル法人』ト伝ヒマスノハ，今日民法ノ総則ニアリマス，商業ナリ教育ト云ウヤウナ事柄ニ就イテ，法人ヲ立ルコト出来ルト云フコトニツイテ居リマス，サウ云ウノハ固ヨリ教育トカ慈善トカ商業トカ伝フ目的テ，法人ニナツテ居ルモノモアリマスカラ，ソレ等カラシテ此所得税ヲ取ルト伝フコトハ，此課税ノ上ニ於テ余リ喜フヘキコトテハアリマスマイ，現ニソノ法律ニ於テモ商業ニ供スル建物或ハ土地ナトニ於テハ，免税ニナツテ居リマスカラ，所得税モ矢張リ，サウ云ウヤウナ慈善トカ教育トカ商業トカ伝ウ目的ニ立テ居カ法人タケニハ，課ケナイ方カ宜シイト云ウノテ，営利ヲ目的トセサル法人ノ所得ハ，課税ノ範囲外ニ置キマシタ……。」

　以上のように，非営利公益団体に対する非課税取扱の淵源となる法案についての議会での審議の際の議論を見た限りでは，課税除外とした根拠は定かではない。また，わが国の民法制定時に範とした西欧諸国の近代法制の影響も考えられないでもない。しかし，これについても確たる裏付け資料は見出せない。
　あるいは，わが国には，古くから社寺・墓地などの資産に対する非課税措置があったことから，近代的な税制の確立に際して，議会がこの伝統を尊重した結果ではなかったかとも推測できる。すなわち，極めて不確実ではあるが，当初の非営利公益団体に対する非課税措置は，特定の根拠があってのことではなく，むしろ，議会は，営利を目的としていないこの種の法人には課税すべきではないといった単純な発想に基づいて課税除外措置が講じられたようにも見える。また，わが国における非営利公益活動は久しく政府支配若しくは官庁主導の下で培われてきていることから，公益団体を準公共法人のような存在と見て，課税上は公共法人に準じた課税取扱にしたとも考えられる。
　(2)　アメリカの主な民間非営利公益団体と伝統的な課税除外の根拠
　アメリカにおける民間非営利公益団体（charities）に対する所得課税上の課税除外措置の淵源は，南北戦争（Civil War: 1861年～1865年）の時期に求めることができる。この当時の所得税制では，当初，個人のみが課税対象とされる一方で，公益信託（charitable trusts）の受託者は課税除外とされた。この所得税法は1872年に廃止された。1894年に所得税が再度導入された。この1894年所得

3 非営利公益団体課税除外制・公益寄附金税制の根拠をさぐる

【図表1】　内国歳入法典に盛られた主な公益団体の種類

①　「公共法人」〔合衆国の機関〕（IRC501(c)(1)）
②　「宗教団体，教育機関，慈善団体，学術団体，公共安全試験機関，文芸団体，子どもまたは動物虐待防止団体，アマチュアスポーツ団体」〔一般的公益活動〕（IRC501(c)(3)）
③　「市民団体，社会活動団体，地域従業者団体」〔コミュニティの福利増進活動〕（IRC501(c)(4)）
④　「商工会，商工会議所，事業者団体など」〔経営環境の改善，業界活動〕（IRC501(c)(6)）
⑤　「親睦団体」〔娯楽，レクリエーション，社交活動〕（IRC501(c)(7)）

税法では，すべての公益団体（charities）を課税除外とした。これが，連邦税法における非営利公益団体に対する課税除外措置のはじまりである。しかし，1895年に，連邦最高裁が，1894年所得税法を憲法違反と判断したために，同法は廃止された。

アメリカにおける今日的な連邦法人所得課税の淵源は，1909年法人消費税（Corporate Excise Tax of 1909）に求めることができる。この1909年法，さらには1909年法を継受した1913年歳入法（Revenue Act of 1913）は，宗教，慈善その他の公益団体に対して制定法上の課税除外措置を定めた。

その後，公益団体に対する課税除外措置は，連邦税法典である「内国歳入法典（IRC=Internal Revenue Code）」に継受され，今日にいたっている。

内国歳入法典は，公益団体の本来の事業活動から生じる「利益のいかなる部分も私的持分主または個人に利益に供されることがないこと」を条件に課税除外となる団体（entities）を例示している。主な団体をあげると，次のとおりである（【図表1】）。

アメリカのこれら主要な民間非営利公益団体に対する課税除外正当化の根拠・立法事由は，必ずしも明確ではない。後述するように，連邦議会は，法人擬制説，または，営利を目的としていないこの種の団体には課税すべきではない，といったことを根拠に課税除外措置を講じたように見える。

2　求められる現代的な課税除外の根拠の検討

今日，民間非営利・公益セクターは，大きく開花し，政府セクター（第1セクター）や営利セクター（第2セクター）と十分に対峙できる規模にまで成長を遂げている。あるものは，課税除外措置を武器にして営利・課税法人顔負けの

規模にまで成長し，民業圧迫と批判される規模の非営利公益団体も出現してきている。アメリカでは，民間非営利公益団体が，営利・課税企業と実質的に無税（tax free）で市場競争できることになる点を皮肉って，課税除外措置を「ただ乗り（free ride）」のツールとする見方も強まっている。

わが国においては，久しく財政当局が主導して非営利公益団体支援税制をつくり，議会の承認を得て導入してきている。この背景には，租税立法が政府立法（閣法）一辺倒で，租税政策を行政府（財政当局）が独占し，議員はおろか民間や学者が行政府から独立して租税政策づくりをする環境になかったことがある。こうした役所お任せ常態の下，租税理論学界が，財政当局が策定した非営利公益団体支援税制の正当化の根拠を十分に精査する機運になかったことは確かである。

(1) 法人実在説と法人擬制説

非営利公益団体支援税制の正当化の根拠については，1900年代後半まで久しく積極的な議論が展開されてこなかった。その一因として，法人所得課税についての，「法人実在説（separate taxpaying entity theory）」と「法人擬制説」との争いがあったことがあげられる。

法人実在説によれば，法人は持分主から独立した納税主体となり，法人所得課税の対象にできる。これに対して，「法人擬制説」によれば，法人を独立した納税主体としてとらえることには，疑問が出てくる。なぜならば，法人擬制説にしたがう限り，法人は，営利（for profit）か，非営利（not-for-profit）かを問わず，持分主とは異なる納税主体（separate taxpaying entities）として納税義務を負わないことになるからである。つまり，この考え方にしたがう限り，公益団体が"非営利"であることは，法人所得を課税除外とする決定的な根拠にならないことになる。

(2) 強まる法人実在説と実体税法上の対応

19世紀後半以降，アメリカにおいては，営利法人については，法人は持分主とは異なる納税主体であるとする考えが強くなり，連邦議会も，そうした考えを強めていった。このため，法人擬制説一辺倒では，非営利公益団体への非課税措置を正当化するのは難しくなった。

アメリカ内国歳入法典（IRC）501条(c)(3)は，公益団体の本来の事業活動が課税除外になるためには，本来の事業活動から生じる「利益のいかなる部分も私的持分主または個人に利益に供されることがないこと」を条件にしていることなどは，法人実在説に対応する意味合いも強い規定である。[13]

このように，法人実在説の考え方が強まるなか，伝統的に非営利公益団体には持分主がいないこと，さらには団体関係者に対して団体利益の私的流用を禁止することや清算所得の継承的処分（charitable assets settlement, *cy press* rule／サイプレス・ルール）を義務づけることなどにより，非営利公益団体は法人所得税についての独立した納税主体には成り得ないとする租税政策を是認してきた。

(3) ビッカー＝ラダーの「課税ベース除外」説

非営利公益団体支援税制正当化の根拠について議論の口火を切ったのが，ビッカー（Boris Bittker）とラダー（George K. Rahder）である。両教授は，法人実在説の考え方が強まるなか，1976年に，非営利公益法人（団体）に対する課税除外措置は，所得課税上，課税ベースに入らないのは当然であり，租税特恵措置には当たらないとする見解を発表した。[14]

わが国においても，これまで非営利公益団体の本来の事業活動を課税除外とすべきかどうかについて，一定程度の議論は行われてきている。こうした議論は，利益分配を目的としているかどうかを重視し展開されてきている。

わが国はもちろんのこと，アメリカにおいても，民間非営利公益活動用の金銭や実物資産は，法人所得課税理論や資産課税理論において課税対象とされる「課税ベース」には入らないことを根拠に課税除外とすべきである，との考え方が支配的である。こうした考え方は，「課税ベース除外説（tax base approach）」とも呼ばれる。

株式会社のような営利法人にあっては，持分主（株主，持分社員）がおり，純益があれば，それをこうした持分主へ利益分配（配当）をすることを主たる目的としている。これに対して，非営利公益法人（団体）にあっては，持分主がおらず，利益分配を目的としていない。こうした意味では，双方を差別化してとらえることができる。[15] わが国はもちろんのこと，アメリカにおいても，非営

利である法人については，その"非営利性"に着眼して，当然に，法人所得課税の対象外であるとする見解が支配的である[16]。

(4) ハンズマンの「課税ベース挿入」説

すでにふれたように，1976年に，ビッカー（Boris Bittker），ラダー（George K. Rahder）は「非営利公益法人（団体）に対する課税除外措置は，所得課税上，課税ベースに入らないのは当然であり，租税特恵措置には当たらないとする見解」を発表した。このビッカー・ラダーの「課税ベース除外」説は，通説として幅広く受け入れられている。

しかし，一方で，このビッカー・ラダーの「課税ベース除外」説に対しては異論もある。1981年に異論を唱えたのが，ハンズマン（Henry Hansman）である[17]。ハンズマンは，法人所得税の課税ベースとなる純所得の測定問題に焦点を絞って議論を展開している。そして，純所得の測定が困難なのは寄附金で運営されている非営利公益法人（団体）の場合であり，他方，多くのサービス提供型の非営利公益法人（団体）については，純所得の測定を容易にできる。したがって，一律に非営利公益法人（団体）を法人所得課税ベースから除外することに対して疑問を呈した。

いずれにしろ，今日，アメリカにおいては，「非営利公益法人（団体）に対する課税除外措置は，所得課税上，課税ベースに入らないのは当然であり，租税特恵措置には当たらないとする見解」がストレートに受け入れられているわけではない。とりわけ，非営利公益法人（団体）に対する課税除外措置については，包括的課税ベース（comprehensive tax base）を探求する一環として，シャンツ－ヘーグ－サイモンズ（SHS=Schanz-Haig-Simons）の古典的な所得概念にまで遡って，「所得とは何か（What Income is）」あるいは「所得ではないのは何か（What Income is not）」といった視角から，なかば不毛にも近い議論が展開されている[19]。

また，利用料の高い私立大学のような教育機関や非営利の医療機関など，各分野で有償のサービス給付型の団体が増加してきていることも，非営利公益法人（団体）に対する課税除外措置の検証を難しくしている。課税除外の存置は，チャリティが伝統としてきた，市場経済にはなじみにくい「救貧（benefit for the poor)」の視点に立ち返って検証すべきであるとの意見も少なくない。[20]

(5) バンク＝バックルスの「コミュニティ所得課税除外」説

　法人を独自の納税主体（separate taxpaying entities）とみる法人実在説は一般に広く受け入れられてきてはいるものの，法人実在説に対しては，今もってさまざまな異論がある。とはいっても，非営利公益団体（法人）課税除外制を正当化するために，法人擬制説を声高に主張するのも，今日の潮流にはあわないのも確かである。

　そこで，法人実在説に立ち，法人は独自の納税主体になるとしながらも，非営利公益団体が生み出す所得は，コミュニティ（地域共同体）の利益増進に費消されることを目的としているという観点から課税除外を正当化する主張がある。こうした「コミュニティ所得（community income）」は，法人所得課税ベースから除外されるべきであるとする考え方を，ここでは「コミュニティ所得課税除外説」と呼んでおく。

　コミュニティ所得課税除外説においては，現行連邦税法上，コミュニティは，人的課税除外とされ，法人所得課税の対象とされていない。[21]このことから，コミュニティの利益増進のために活動する非営利公益団体（法人）も，課税除外とされて当然であるというのが論拠である。すなわち，民間非営利公益団体が稼得した所得は，政府機関（公共団体）が上げた所得と同様に，人的課税除外とすべきであるとする主張である。

　この非営利公益団体（法人）課税除外制を正当化するための主張は，「コミュニティ所得説（community income theory）」と呼ばれ，2001年に，バンク（Steven A. Bank）などにより提唱された。[22]その後，バックルス（Johnny Rex Buckles）も支持している。[23]

(6) サリー＝マックダニエルの「租税歳出」論

　税財政法学において，伝統的に，政府が特定の個人や団体に対する補助ないしは助成などを（以下「補助等」）行うこととは，補助金ないしは助成金（以下「補助金等」）の「直接的支出」をさすものと理解されてきた。しかしながら，今日では，この種の補助金等とは，ひろく税法上の特恵措置による租税の軽減免除や非課税などを通じて行われる「間接的支出」も含めて検討されるようになっ

てきている。一般に，この種の間接的支出は，議会の議決を経ないで行われる歳出に相当することから，「かくれた補助金（hidden subsidies）」と呼ばれる。

アメリカ税財政法学においては，1980年代に，サリー（Stanley S. Surrey）が，このような「かくれた補助金」が税法上の特恵措置を通じて行われることから，「租税歳出（tax expenditures）」と命名した。その後，租税歳出概念は，マックダニエル（Paul R. McDaniel）らにより広められ，今日，アメリカ税財政法学界で幅広く認知されるにいたっている。

また，連邦はもちろんのこと，州レベルでも，租税歳出は，予算に「租税歳出予算（tax expenditures budget）」として組み込まれ，議会での予算審議の対象とされている。わが国においても，こうした租税歳出論の展開の影響を受けて，非営利公益団体に対する課税除外措置について，租税歳出論的な観点から再検討されてきている。

3 租税歳出論を基軸とした現代的な課税除外の根拠分析

非営利公益団体（法人）に対する課税除外措置は，租税歳出論の観点からまとめてみると，多様な根拠に基づいて正当化されてきている。

(1) 政教分離説

宗教法人非課税制の根拠，とりわけわが国に焦点を絞ると宗教活動非課税制の根拠を，憲法20条及び89条の政教分離原則に求めようとする考え方である。

政教分離原則を根拠に宗教法人の宗教活動を非課税とすることにより，課税権者である国や地方公共団体は，宗教活動に積極的に係わらないように求めることができる。その一方で，宗教活動に課税しないことは，宗教法人に対する国や地方公共団体から特権を受けるに等しいという見方もある。したがって，憲法20条1項後段にいう国家が特典を付与することを禁止する規定に抵触するのではないかとの指摘もある。

国教を禁止するとともに，国家と宗教との間の障壁をできるだけ高くしようとする憲法を持つという意味では，わが国とアメリカとは似たような法環境にあるといってよい。既成宗教，新宗教，新新宗教と，宗教の競争と新陳代謝を繰り返すアメリカにおいても，政教分離原則を根拠に宗教団体の宗教活動を非

課税とすることについては，合憲論と違憲論とが対立していた。しかし，最終的には，司法府〔連邦最高裁判所〕が合憲の判断を下したことで（Walz v. Tax Commission of New York, 397 U.S. 664〔1970〕)，この論点についてはすでに決着を見ている。

(2) 結社の自由保障説

非営利公益団体（法人）課税除外制の根拠を，憲法の結社の自由に求めようとする考え方である。

憲法は，「集会，結社及び言論，出版その他一切の表現の自由は，これを保障する」（21条）と定める。つまり，国民には「結社の自由」ないしは「結社権（right to incorporate associations）」が保障されている。国民は，宗教はもちろんのこと，政治的その他福祉の増進，環境の保全，人権の擁護，平和の推進など，多様な非営利公益活動をする目的で団体を結成し，さらには法人を設立する権利を有している。このように団体(法人)の構成員の結社権を護ることは，憲法上の要請である。

わが国においても，数多くの市民団体（NPO/NGO）は，法人格なき社団（任意団体）あるいは各種非営利公益法人のかたちで存在している。こうしたNPO/NGOの本来の事業に課税しないことは，市民の結社権を保障する意味で重い役割を担っている[25]。

(3) 公益説・対価説

非営利公益団体（法人）課税除外制の根拠をその公益性に求めようとする考え方である。

非営利公益団体（法人）は，国家（政府）に代わって非営利性・公益性の高いサービス〔共同財（collective goods）や共同サービス（collective services），公財（public goods），公サービス（public services）〕を肩代わりして提供している[26]。とりわけ，宗教団体などの場合は，憲法等の制約から国家が提供することのできない性質のサービスを肩代わりして提供している。つまり，当該団体のみが提供できる特殊のサービスを提供している。

その結果，国家の負担を軽減せしめ，かつ，公共の安寧など公益増進（public benefits）に貢献している[27]。課税除外措置は，非営利公益団体（法人）のこうし

た非営利性・公益性の高い活動に対し，税制を通じた国家からの一種の"対価"の支払であるとする見解である[28]。この考え方は，「公益説」ないしは「対価説」・「代償説」と呼んでよい。

この考え方は，非収益公益事業に対して課税除外措置を講じることは，実質的に「租税歳出」を構成するとしながらも，社会全体の利益の観点から課税をしないのが正当であるとするものである。非営利公益団体（法人）に対する課税除外措置を正当化するための有力な根拠といえる。

(4) 非営利・課税ベース除外説

非営利公益団体（法人）の活動用の金銭や実物資産は，法人所得課税理論や資産課税理論において課税対象とされる「課税ベース」には入らないことを根拠に課税除外とする考え方がある。「課税ベース除外説（tax base approach）」と呼んでおく。この考え方は，非営利公益団体（法人）の活動用の金銭や実物資産に対する非課税措置は，「租税歳出」には当たらないとする，いわゆる租税歳出非構成論（non-tax expenditure approach）」に依拠する。

非営利公益団体（法人）は，公益事業会計上，法人税にいう収入（益金）から費用（損金）を差し引いて算定され，課税の対象となる「純益」（所得）をあげていない。また，現行税法は，法人所得に対する課税は，持分主に対する税金の前取りであるという考え方を一部なりとも採用している[29]。しかし，非営利公益団体（法人）の場合，「非営利」「非分配」であり，配当を受ける持分主が存在しない。

このように見ると，非営利公益団体（法人）の行う公益事業については，法人税において課税の対象とする課税物件(所得)を生み出し得ない。したがって，こうした非営利の活動や事業を，法人税の課税ベースから除外するのは合理的といえる。

一方，この課税ベース除外説に従うと，地方税，とりわけ固定資産税や特別土地保有税など（以下「固定資産税等」という。）の課税において，非営利公益団体（法人）が公益事業目的で保有する実物資産を，課税客体（課税ベース）から除外するのも合理的といえる。この考え方は，「課税客体除外説」と呼んでもよい。

非営利公益団体（法人）が保有する固定資産等に課税するにあたっては，その資産が毎年生み出す利用収益にも着目して課税ベースを算定する必要がある。ところが，非営利公益団体（法人）が保有する実物資産の場合には，商業的な利用収益はなく，しかも，課税客体を市場価額で測定することにもなじまない。このことから，当該固定資産税等を課税ベースから除外するのは理にかなっている。

(5) 公益信託類推説

非営利公益団体（法人）の課税関係を"公益信託"の法理に準じて考えようというのが公益信託類推説である。この考え方の下では，非営利公益団体（法人）を，受託者と見ようとするものである。すなわち，非営利公益団体（法人）を，委託者から，公益目的で費消するように依頼を受けた金銭や財産などを，自己の名で管理，不特定かつ多数の受益者を対象に給付する存在とみなすものである。この関係において，非営利公益団体（法人）は，単なる橋渡し機関（conduit）であり，非営利公益団体（法人）サイドでは課税除外とされて当然であるとする。また，この種のサービス給付に課税すべきであるというのであれば，そのサービス給付を受けた受益者サイドで課税すべきであるとする。この場合に，受益者サイドで，この種の対価性のない給付に課税するか，非課税とするかは，租税政策の選択の問題となる。受託者で供給サイドにある非営利公益団体（法人）は，課税とは直接に関係がないことになる。非営利公益団体（法人）に帰属するこうした金銭や財産等について，法人所得課税上は，課税客体とはなりえない。ちなみに，この考え方は，法人擬制説と軌を一にすると見てよい。[30]

(6) コミュニティ所得課税除外説

すでにふれたように，法人実在説に立ち，法人は独自の納税主体になるとしながらも，非営利公益団体があみ出す所得は，コミュニティ（地域共同体）の利益増進に費消されることを目的としているという観点から課税除外を正当化する主張がある。すなわち，こうした「コミュニティ所得（community income）」は，法人所得課税ベースから除外されるべきであるとする考え方である。

このコミュニティ所得課税除外説においては，非営利公益団体（法人）が，

コミュニティの利益増進のために供給する公財（public goods）や公サービス（public services）は，これを価格評価し，法人所得課税ベースに挿入すべきではない，とする[31]。なぜならば，市場経済になじまないかたちで非営利公益団体が提供したコミュニティ所得を正確に測定し，価格評価をするのは困難であることをあげる。もっとも，コミュニティ所得課税除外説にたつとしても，課税除外の存置は，チャリティが伝統としてきた，市場経済にはなじみにくい「救貧（benefit for the poor）」の視点に立ち返って検証すべきであるとの異見もある。

非営利の健康増進クラブなど有償のサービス給付型の団体が増加してきている今日の状況を織り込んで考える場合，「コミュニティ益（community benefit）」とは何かについては，難しい検証が求められる。

II　公益寄附金税制の根拠

民間の非営利公益団体がその本来の目的とする事業活動を行うためには，潤沢な「原資」がいる。一般に，この種の団体は，その事業活動原資を，主に，寄附金，助成金（補助金）および収益事業収入などに依存している。公益寄附金税制のねらいは，非営利公益団体側の事業活動原資を，個人市民や企業市民（corporate citizen）から寄附金のかたちで支出するように求める際の奨励策（タックス・インセンティブ）を付与することにある。

一方，公益寄附金を支出する納税者側から見ると，公益寄附金税制により，"税金を支払う途が2つ拓かれる"ことになる。すなわち，1つは，税法にしたがい納付を義務づけられる税額を，従来どおり国や地方団体に支払う途である。そして，もう1つは，納税者が的確と思う民間の非営利公益団体を選択し，寄附金を支出し，税金計算において支出した額について控除・損金算入を受けるかたちで支払う途である。後者は，納税者が，自己の税金の使い途を選択・指定したうえで納付することにつながることから「使途選択納税」とも呼べる[32]。

公益寄附金控除・損金算入は，国家（国や地方団体）に対して支出される寄附金に加え[33]，民間において非営利公益活動を行っている団体に対し支出した寄

付金にも認められる。とりわけ，公益寄附金控除・損金算入は，非営利公益団体のうち，「公益性」の高い団体に限定して認められている。公益寄附金税制を正当化する根拠としては，伝統的な理解によると，非営利公益団体やその活動の「公益増進性（public benefit）」の存否を規準に使ってきている。言い換えると，課税除外措置の適用に比べると，公益寄附金税制の適用にあたっては，常にこの規準がより厳しく審査されてきたといえる。

1　「公益」とは何か

公益寄附金税制のあり方を点検するに先立ち，まず，「公益」とは何かについて精査してみる。[34]

わが国において，従来から，公益法人は，「学術，技芸，慈善，祭祀，宗教その他の公益を目的とする法人」（現民法33条2項）とされてきた。一般に，公益法人の設立について，公益性のほかに非営利性があることも必要であるとされてきた。また，単に公益や非営利の事業活動を目的とするとするだけでは不十分で，積極的に遂行する，つまり「公益や非営利の事業活動の増進」が求められてきた。[35]

「非営利」については，「非分配」ないし「非配当」を意味するとの考え方が固まっている。

これに対して，「公益」とは何かと問われると，確答は難しい。法学界での通説は，「公益」を，「社会全体の利益」，すなわち「不特定多数の者の利益」とする。この見解を取り入れた法律の規定もある。新公益法人制度の準拠法の1つである公益認定法（正式には「公益社団法人及び公益財団法人の認定等に関する法律」。以下，略称を使う。）である。同法2条（定義）では，「公益目的事業」について，「学術，技芸，慈善その他の公益目的に関する別表各号に掲げる種類の事業であって，不特定かつ多数の者の利益の増進に寄与するものをいう」と定めている（引用者傍線）。

こうした公益の定義の仕方は，後に検討する不幸や苦痛（悪）を低めることで個人や社会の利益を最大化しようとする「最大幸福主義」ないし「功利主義（utilitarianism）」の考え方に近いとみることもできなくもない。

また，日本国憲法13条に定める国民の「幸福追求権」実現に資する事業活動あるいは「幸福」につながる利益追求を支援する事業活動とは何かとの問のなかにヒントが潜んでいる可能性も否定できない。すなわち，憲法13条前段で「すべての国民は個人として尊重される」を規定し，「個人の尊重」の原則をうたっている。その後段では，「生命，自由及び幸福追求に対する国民の権利については，公共の福祉に反しない限り，立法その他の国政の上で，最大の尊重を必要とする」と規定する。このように憲法に規定する「個人の尊重」原則に基づく「幸福追求権」を具体的に保障するために，プライバシー権，肖像権，環境権，知る権利，平和的生存権をはじめとした個々人の人格的生存に不可欠とされる数多くの憲法に規定されていない新しい人権や自由が創り出されてきている。生存権や信教の自由など個別・特定条項に規定する権利や自由に加え，憲法13条に基づいてつくり出されてきた新たな人権や自由の増進をねらいの活動する非営利団体は，まさしく公益に資する団体にあたるといえる。

(1) 公益の定義

　このように，「公益」を一義的に定義すること，さらにはその内容となる"利益"を明確にすることは，必ずしも容易ではない。「公益」の内容を構成する"利益"の概念について誰もが納得できるような定説あるいはコンセンサスを導き出すには長い時間をかけた精緻な議論を要することは，ここに指摘するまでもない。[37]

　「公益」の内容を構成する"利益"の概念について，アメリカでも，さまざまな定義が試みられてきている。有力なものの1つとして，次のような定義が示されており，参考になる。[38]

> ・「公益」とは，ある者がそれを費消したとしても，他の者はその費消を制限されないような利益をさす（non-rival goods）
> ・また，排他的でない利益をさす。すなわち，何者も，その利益の利用を排除されないような利益をさす（non-exclusive goods）

(2) 公益の意義

　こうした「公益」の内容を構成する"利益"の概念を1つの規準に分析してみると，「non-rivalness（非競合性）」と「non-excludability（排除不能性・排除不

可能性)」を兼ね備えた「公益増進 (public benefit)」活動といわれるものは実に多様である。

　また，どのような財 (goods) や役務 (services) が純粋な公財 (pure public goods) あるいは純粋な公サービス (pure public services) にあたるのかについても必ずしも意見の一致を見ているわけではない[39]。

　こうした問題のあることを織り込んだうえでいくつかの例をとりあげて「公益」の意義について点検してみると，次のとおりである。

　(a) 災害救援活動，救貧活動　　災害救援活動や救貧活動の場合，表面的には，特定の被災者，生活困窮者の対する利益供与にあたる。しかし，その実質は，社会一般に対する利益供与にあたると見てよい。なぜならば，この場合に供給されている「公益」とは，こうした活動を通じてもたらされている"潜在的社会緊張の緩和"などをさすからである。

　わが国の場合，憲法29条で生存権を保障している。このことから，社会一般に対する利益供与に資する災害救援活動や救貧活動を行うことを目的とする団体は，不特定かつ多数の者の利益の増進に寄与するものといえる。

　(b) 宗教活動，教育活動　　宗教団体の行う宗教活動や私立学校の行う教育活動は，第一義的には，特定集団に帰属する者（例えば，檀信徒，児童・生徒・学生等）を対象に提供される。このため，社会への利益供与は，間接的・第二次的 (secondary benefits) なかたちとなる。

　しかし，こうした活動を通じて各個人が社会において自立して生きるための基礎・資質を養うことや，生活を向上させ豊かな精神生活を送ることに資し，ひいては"社会の安寧"につながることから「公益」に結び付くといってよい[40]。

　宗教活動については，宗教団体は，憲法上第一セクター（政府部門）にある公的機関に禁止されている宗教サービスを代替して提供するスタンスにある[41]。宗教活動については，檀信徒の内心に働きかけ，精神生活の浄化などを通じて，極めて消極的なかたちで社会の安寧に寄与している，との見方もある。

　"公益＝不特定多数の利益"とみる見地からは，特定者を対象とする宗教活動が本来の意味での"公益"につながるサービスであるのかどうか疑問がない

61

わけでもない。さらに，特定人を対象に学校教育サービスを提供する私立学校はもちろんのこと，事業者団体や親睦団体のような閉鎖型団体（closed organizations）一般も，特定者を対象としたサービスを提供している。"公益＝不特定多数の利益"とする規準からは若干かけ離れており，問題なしとはしない。[42]

周知のように，わが国の場合，憲法20条は，「信教の自由」を保障する一方で，宗教団体に対する特権付与を禁止し（1項），国等に宗教的活動を禁じている（2項）。また，憲法26条は「教育を受ける権利」を保障する。さらに，憲法89条は，公金その他の公の財産の宗教団体や教育事業への支出を禁止している。したがって，宗教活動や教育活動にかかる「公益性」の判断については，これら憲法規範の存在を織り込んだうえで精査される必要がある。

(c) **環境保護活動**　環境権は，一般に，憲法13条に定める幸福追求権から派生する新しい権利として認められるものと解されている。環境権の保護を目的に，数多くの環境保護団体が，活動している。環境保護団体の活動は，まさしく不特定かつ多数の者の利益の増進に寄与するものといえる。"公益"とは，必ずしも国家（政府）の利益と一致するとはいえない。原発反対運動のように，時には，こうした団体の公益増進活動が国家（政府）の利益とぶつかることもある。

2　公益寄附金税制の創設

日米ともに，非営利公益団体に対する支援税制全般からみると，課税除外措置が早くから制度化されていたのに比べると，公益寄附金税制創設の歴史は浅い。また，わが国の公益寄附金税制の特徴をあげるとすれば，どちらかといえば，個人よりも法人を優遇するかたちになっている。この点，アメリカの場合には，法人を優遇するかたちにはなっていない。

(1) 公益寄附金税制の創設時期

所得税，法人税，相続税（遺産税）における公益寄附金税制の創設について，日米比較で図説すると，次のとおりである（【図表2】）。

(2) 公益寄附金税制創設の目的

【図表2】　日米における公益寄附金税制の創設時期

	所得税	法人税	相続税
日　　本	1962〔昭和37〕年から本格化	1942〔昭和17〕年の開始	1963〔昭和38〕年
	所得税	法人税	遺産税
アメリカ	1917年（個人所得税導入は1913年）	1935年	1924年

(a) **わが国の場合**　わが国の公益寄附金税制は，従来から必ずしも"慈善"目的での寄附に限定したかたちで制度化がなされてこなかった。このため，公益寄附金制度化の目的は明確ではない。後年導入された特定公益増進法人（旧試験研究法人等）に対して支出した寄附金に対する控除・損金算入制度においては，"寄附の奨励"が本来の目的であることをはっきりとさせた。

(b) **アメリカの場合**　アメリカにおいては，従来から，公益活動に対して支出する寄附金においては，個人の占める割合が高い。これは，公益寄附金税制が，当初1917年に，個人を対象に制度化されたことによるところも大きいのかも知れない[43]。

ただ，1917年に個人に対する公益寄附金税制が整備された直接の理由は，その当時，戦費調達をねらいに個人所得税の大幅な増税が行われたことにある。すなわち，増税が非営利公益団体の活動に支出される寄附を抑制する原因になるおそれがあった理由をあげることができる。この当時，公益寄附金税制の創設は，まさに，寄附奨励のためのインセンティブを設けることにより，増税というマイナス要因を除去することにあった。

その後，アメリカの公益寄附金税制は，遺産税（1924年[44]），法人所得税（1935年）にも適用することで，拡大していった。今日，公益寄附金税制は，アメリカの非営利公益団体の活動を支えるうえでは，なくてはならない仕組みとなっている。しかし，その一方で，この制度に対する批判も高まってきている。とりわけ，この制度は，"寄附の奨励"による非営利公益団体の活動のための原資の確保を目的としているとしても，非営利公益団体の活動を助長するに最適な手段とみなしうる根拠は何かが不明確であるとして，この点を明確にするように

【図表3】 アメリカにおける公益寄附金税制を是認する根拠

①所得理論（income theory）：この考え方によると，伝統的な所得課税理論の下では，課税対象となる「所得」は，その者の一定期間の「消費」＋「純資産増」に等しいとされる。ところが，公益・慈善団体の活動に対して支出された寄附金は，課税対象とされる当該個人の"消費"とみることはできない。したがって，公益寄附金税制は，こうした"消費"を所得課税の対象から除外するために設けられたものである，とされる。この理論は，公益寄附金税制は租税歳出(tax subsidy, tax expenditures)にあたらないとの前提で議論が展開されている。[46]
②補助理論（subsidy theories）：この理論は，公益寄附金税制に基づく控除・損金算入措置を租税歳出（税制を通じた補助金）にあたるとみたうえで，その必要性を積極的に是認する視点から展開されている。補助理論の根拠は多様である。「効率性（efficiency）[47]」，「多元主義（pluralism）[48]」，「寄附金依存運営健全論（donative theory）」など，さまざまな論拠が示されている。
③公平理論（equity theory）：この考え方によると，公益寄附金税制は，公益・慈善団体に対して私財を利他的目的に支出した者がこうむる損失を補償するねらいで，公平の観点から配慮したもの，とされる。

求められてきている。

3　公益寄附金税制の根拠

　公益寄附金税制は，企業市民や個人市民に対し寄附することを奨励するねらいで講じられている。公益寄附金税制は，非営利公益目的に支出される寄附金を課税対象から除外することにより，政府が非営利公益団体の活動に対して補助金（助成金）を支出するに等しい。このため，一般に，控除・損金算入措置は，適格非営利公益団体の活動に対する補助金（助成金）を交付するに等しいと理解されている。ただ，政府が直接歳出のかたちで適格非営利公益団体の活動に交付する補助金（助成金）と区別して，「税制上の補助金（tax subsidy）」または「租税歳出（tax expenditure）」と呼ばれる。アメリカにおいては，公益寄附金税制の根拠を論じるにあたっては，こうした見方が重要視されている。

　公益寄附金税制の意義や根拠について，わが国では，必ずしも積極的に議論されてきたとはいえない。この点，アメリカにおいては大きく，次の3つの視点から積極的にその根拠を探る試みがなされてきている[45]（【図表3】）。

4　公益寄附金税制を支える根拠の個別的検討

　個人市民や企業市民は，本来，公益寄附金税制のあるなしにかかわらず，社

会貢献の一環として当然に寄附をし，非営利公益団体の活動の原資を提供し非営利公益活動を支えるべきであるとする考え方もある。こうした見方によれば，あえて公益寄附金税制を設ける必要がないということになるかも知れない。とすると，現実に公益寄附金税制を設けているのには，どのような理由があるのであろうか。

(1) 寄附をしない納税者への負担の転嫁

公益寄附金税制は，寄附金の支出というかたちで"公益"の供給に協力する納税者の税負担を軽減する一方で，これに協力しない納税者に対して"波及的税負担増"のかたちで税負担を転嫁する仕組みと見ることができる。つまり，直接税の納税義務を負う者の間における負担の調整・転嫁措置とみることができる。言い換えると，納税義務を負わない者は，公益寄附金税制の枠外にある。したがって，こうした人たちは，事業活動原資をほとんど負担せずに公益を享受する「ただ乗り者（free rider）」のようにもみえる[49]。しかし，かなりの部分の"公益"は，納税義務を負わない層の人たちを対象に供給されているのが現実である。

いずれにしろ，公益寄附金税制は，税負担をする者の間での負担の公平の観点を加味したかたちで，非営利公益活動の原資の供給推進を図る制度とみることができる。

(2) マイノリティ団体の活性化

多数決原理をベースとする政体においては，政治プロセスを通じて交付される直接の補助金（助成金）は，予算支出のかたちで，一般に多数者が望ましいとした非営利公益団体に集中しやすい。裏返すと，多数者が望まない団体が直接の補助金（助成金）の交付を受けることは，必ずしも容易ではない。

この点，公益寄附金税制を活用し，税金計算において支出した寄附金の額について控除・損金算入を受けることを前提に，納税者が的確と思う非営利公益団体を選択し寄附金を支出するかたちの方が，多様な非営利公益団体への活動原資が行き渡る可能性が広がる。いわゆるマイノリティ〔社会的少数派〕団体に対しても活動原資の供給を促し，マイノリティ団体の活動を活性化する手段としても有用である。結果として，非営利公益活動の多様化にも資する[50]。

Ⅰ　シンポジウム　市民公益税制の検討

こうした見解は，選挙で選ばれた「勝利者がすべてを分捕る競争（winners take all competition rule）」ルールの下，議会を通じて多数者が望む団体に傾斜的に支出される直接補助金の仕組みへの批判を素地としている。すなわち，少数者に対するある種の「差別をなくすための積極的支援（優遇）措置（affirmative action）」として，公益寄附金税制を理論づけようとするところにある，とみることができる。

(3) 活動原資配分方式の効率化

寄附者である納税者が，公益寄附金税制を活用し，自己の望む非営利公益団体に対する活動原資を寄附し，寄附した額について控除・損金算入を受けるかたちの方が効率的（efficient）ともいえる。すなわち，非営利公益団体に公的資金（補助金・助成金）を配分するということで，議会や政府（行政）がコストや時間をかけるよりも，納税者の選択・意思に任せた方が効率的なように見える。

一方で，こうした効率化論に対する異論もある。財政における議会中心主義（憲法83条），アカウンタビリティ〔議会のよる予算統制〕などを織り込んで考えると，国等が租税公課のかたちで徴収した歳入は，政治プロセスを通じて再配分する仕組みを通じて直接補助金（助成金）にかたちで供給する方が健全であるとの主張である。言い換えると，非営利公益団体に対する活動原資の供給は，直接補助金（助成金）のかたちを活用した方がより財政民主主義の精神に資するということになる。確かに，公益寄附金税制を活用し，使途選択納税制をすすめることは「補助金（助成金）の配分方法の私化（民営化）」にもつながり，財政民主主義の視角からも好ましくないとする見方にも一理ある。ここで問われているのは，財政における議会中心主義を基本とした公的資金の配分方法と公的資金にかかる議会による民主的コントロールをどう考えるかである。

公益寄附金税制の積極的活用が議会による予算統制の精神に反するという指摘に対しては，租税上の特恵措置により減免された分についての「租税歳出予算（tax expenditure budget）」を議会にあげて精査するなどの工夫をすれば，問題の解決につながる。また，非営利公益団体側も，納税者から供給された活動原資の使途の透明化をすすめることでも対応が可能である。具体的には，各団体がインターネットなどの媒体を使って，活動実績の公開，会計の公開などを

含む「活動実績」についてのアカウンタビリティの向上に努める方策を講じるのも一案である。また，非営利公益団体界における「第三者評価」制度を通じたさらなる適正化・透明化をすすめるのも一案である。

(4) 公平理論

公益寄附金税制を活用して，非営利公益目的で支出する寄附金は「利他的 (altruistic)」でなければならない。

言い換えると，寄附者の自己利益（自己の富や権力を含む反対給付）をはかる目的で支出する寄附金については，公益寄附金税制の対象となる寄附金にはあてはまらない。また，寄附者の個人的欲求を満たす目的で支出する寄附金であってはならない。

所得課税は，本来，納税者が現実に収受する収支も基づいて行われるべきである。すでにふれたように，寄附金の本来的なあり方からすれば，非営利公益目的で支出する寄附金は利他的でなければならず，寄附者たる納税者は，個人的支出に相当する満足を享受しているとは言い難い。

こうした構図から，私財を私利（private interest）ないし私益増進（private benefit）のためにではなく，利他（他人の利益）を目的に非営利公益団体へ移転し"公益"の原資に充てた場合，自己満足のために費消した私財と同等に課税することは必ずしも最適とはいえない。むしろ，課税の公平の視点からは，その部分には課税しないようにし，控除・損金算入の仕組みを通じて，税負担の軽減，補償をすべきである。

(5) 活動資金調達における資本市場へのアクセス限界説

配当法人の場合は税引き後利益を配当できることから株式発行，転換社債などの手段で資本市場からの資金調達（equity finance, debt finance）が容易である。イコール・フッティング（対等な競争条件確保）の視点から，非配当法人である非営利公益団体（法人）に対しても，資本市場以外からの資金調達ができるように支援する必要がある。すなわち，寄附者に公益団体（法人）に支出した寄附金に対し一定比率まで公益寄附金控除・損金算入措置を認めて資金の提供・調達を奨励する必要があるとする見解がある。「資本市場へのアクセス限界説（capital access theory）」とも呼ばれる[51]。この見解では，"投資家"は，営利法人

へ投資し配当を受け取るか、非営利公益団体へ寄附金を支出し公益寄附金控除・損金算入の適用を受けるかを選択できる仕組みを構想する。[52]

5 公益寄附金控除の制度設計をめぐるいくつかの課題

公益寄附金にかかる税制上の支援措置について、その目標が清廉な（正義にかなう）ものであるためには、どのように制度設計がなされるべきかが問われる。例えば、寄附者が寄附先を選択するにあたり、どの程度その動機の自由度を許容すべきか。また、こうした選択に一定の制限を付すとした場合、どの程度とすべきか。税制上の支援措置は、所得レベルの異なる寄附者間にどのように配分されるべきか。言い換えると、1ドルあたりどれ位の寄附金控除・損金算入を認めるべきか等々、検討課題は山ほどある。

公益寄附金にかかる税制上の支援措置を設けることの目標の1つは、寄附者が、公益寄附金にかかる税制上の支援措置を、できるだけ多様な動機で活用――すなわちできるだけ幅広い寄附先の選択が――できるようにすることで、清廉性（正義）を実現することにある。この目標を設定する場合には、大きな前提がある。それは、寄附金が真に公益（慈善）に資する目的に支出されなければならないことである。言い換えると、財ないしサービスの購入などを仮装して支出されてはならないことである。

公益寄附金にかかる税制上の支援措置を設けることの目標が、あらゆるレベルの寄附金を極大化することにある場合には、その目標はとりわけ高所得者に焦点が置かれる必要がある。こうした目標を達成するため、公益寄附金控除制度は分配的正義（distributional justice）に資するというスタンスを強調し、富裕層に対する寄附金の支出を奨励することは避けて通れない。この考え方を基調とし、非営利公益団体が富の再分配に奉仕しているという前提に立つ限り、寄附金の支出は、所得の自発的再分配に資すると解することができる。もちろん、実際に公益寄附金控除制度自体がどれくらい再分配に役立っているかどうかを分析することは必ずしも容易ではない。なぜならば、現実の税制では、そもそも超過累進税制の採用自体が再分配機能を有しており、しかも現実の税制では、超過累進税制と公益寄附金控除制度とが結合するかたちで再分配機能を担保し

ていると解されるからである。もちろん，現行の所得控除方式に基づく公益寄附金控除制度は，高所得者層に傾斜的に租税上の恩典を付与するかたちとなっていることから，真の分配的正義にかなっているのかどうかについては異論も想定される。

　ただ，この論点については，視点を変えて見る必要もある。すなわち，公益団体に対する活動原資を，寄附金控除対象の寄附金（租税歳出）から，直接補助金に転換して供給するとしたらどうなのであろうか。この政策転換は，確かに財政における議会中心主義には資する。しかし，一方，憲法論を離れて租税政策論に見た場合はどうなのであろうか。この場合，直接補助金の手段を通じて提供する公的資金を確保するために，政府は，その分の増税につなげる必要も出てくる。仮に増税となると，超過累進課税を採る所得税制の下では，高所得者に傾斜的に重く増税になる。この点を織り込んで対照的に考えてみると，公益寄附金税制に所得控除方式を採用し，多額の公益寄附金を支出した高所得者に傾斜的に有利となる減税を行うことは，むしろ正義にかなっており，正鵠を射ている，との指摘もあながち否定できない。[53]

　また，公益寄附金にかかる税制上の支援措置を設けることの目標が，「効率的な公的資金の配分」「マイノリティ団体の活性化」などの要素を加味したうえで定立された清廉性（正義）を奨励することにあると見た場合はどうであろうか。すなわち，この措置は，寄附を通じた公益活動への参加・寄附先の選択といった各納税者の意思を尊重したうえで私的寄附金の支出を奨励するかたちとなるように，「税制を通じた組み合わせ助成金・マッチンググラント」を支給することに意義があると見た場合である。この場合，政府は，実質的に，私人の寄附者が寄附金を支出する場合に限り当該寄附者が選んだ公益団体に投資（税制を通じた公的資金を投下）をするスタンスに立つことになる。裏返すと，活動原資（寄附金）をほとんど負担しない者，いわゆる「ただ乗り者（フリーライダー）」との差別化にもつながる。事実，アメリカの現行連邦税制上の公益寄附金控除は，こうした考え方も盛り込んで制度化されている。

　公益寄附金税制を，公益団体の本来の事業に対する課税除外措置との対比において評価してみると，課税除外措置にはマッチンググラントとしての意義は

ない。こうしたところに，非営利公益団体課税除外措置と公益寄附金税制とを別々に根拠づける必要性があるとの理由を見出すことができる。

さらに一歩すすめて，ことさらマッチンググラントとしての意義を強調して税制上の支援措置を評価するとする。この場合には，課税除外措置よりも，公益寄附金税制を広げる方が清廉性（正義）に資すると解することもできる。

(1) 富裕寄附者の過度な存在とパブリックサポート・テスト

寄附者は寄附先を選択できることから，寄附金控除の対象となる寄附金，さらにはマッチンググラントを，自己好みの公益団体へ支出することも可能になる。公益寄附金全体に占める富裕納税者の割合が増えると，博物館や美術館，有名私立大学などへの支出割合が増えることも想定される。公益（慈善）とは，本来，恵まれた層が不遇な層に手を差しのべる救貧活動のようなものを想定しているはずである。このことからすれば，寄附文化が富裕層の過度の存在を前提とし，しかも寄附金が博物館や美術館，有名私立大学などに傾斜して支出されたとしても，誰もが納得できるような清廉性（正義）が存在するといえるのかどうかが問われてくる。

この指摘に対しては，現代の社会では，富裕層は，市場経済，政府の政策決定，政治献金（議員選出）など多様な面において大きな力量を持っており，寄附金の支出における富裕層の過度な存在だけを問うのは正鵠を射ているとはいえないとの批判がある。この批判に対しては，もし寄附金支出およびそれにともなうマッチンググラント支出における富裕層の過度な存在を問題にするのであれば，社会全体における富裕層の影響力の是正から始めなければいけない，との反論も可能である。

すでにふれたように，アメリカにおける公益寄附金税制を正当化する根拠を提供する理論としては，「寄附金依存運営健全論（donative theory）」がある[54]。この理論は，端的にいえば，収益事業で運営が成り立っている営利型公益団体（commercial nonprofits）よりも，一般大衆からの幅広い寄附金による支援を受け，運営が成り立っている団体（donative nonprofits）の方が分配的正義にかなっており健全であるというのが，支援税制の存置・正当化の根拠である。あるいは，課税除外措置は，「パブリック・サポート」，すなわち"一般大衆から相当額の

寄附金を集める魅力のある団体を支援するために採られている"との主張である。この理論は，団体の本来の事業に対する課税除外措置と公益寄附金税制とを一体としてとらえる見解，すなわち双方の支援措置を正当化する根拠，として主張・展開されている。言い換えると，収益事業で運営が成り立っている営利型公益団体（commercial nonprofits），あるいは少数の富裕寄附者で運営が成り立っている団体よりも，一般大衆からの幅広い寄附金による支援を受け，運営が成り立っている団体（donative nonprofits）の方が分配的正義にかなっており健全であるというところに支援税制の存置・正当化の根拠を見出そうとする。

現行の税制では，パブリックサポート・テストのような，寄附金総額への少額を寄附する納税者の参加を促す措置を盛り込むなどして，寄附行為における富裕層の過度な存在を是正する政策を実施している。この規準は，一面，公益寄附金税制の適用にける正義（清廉性）に資するようにも見える。しかし，人数という形式要件さえ充足できれば大口寄附者の参加を排除できるわけでない。すなわち，寄附者の数の要件が整えばよいわけで，大口寄附者（あるいは特定の寄附者）の参加を排除する規準になっているわけではない。このことから，パブリックサポート・テストを賛美するのは，一人一票の代表民主主義のはき違いではないか，との指摘もある。むしろ，一定数の小口の寄附者集団の存在が，少数の大口寄附者へ"隠れ蓑"を提供することにもつながりかねない仕組みであるとの批判も強い。あるいは，公益団体運営における"マネジメント"が過小評価されているのではないか，との見方もある。

この点に関連し，現行税法では，寄附者が支出する寄附金に対する税制上の支援措置の適用については，一定の割合を設定し，その割合を超える部分に対しては，その措置の適用を認めないとすることとしている。したがって，理論的には，この制限をさらにすすめて，一定の金額（例えば，年間1万ドル）を超える寄附金に対しては，税制上の支援措置を認めないとすることも可能である。これによって，特定の大口寄附を締め出すことはできる。しかし，そもそも公益寄附金税制を設けている趣旨を織り込んで考えてみると，こうした規準を設けて，大口寄附者の参加を制限（政府規制）することが正義にかなっているの

かどうかは極めて疑わしい。また，こうした規準を達成するための公益団体側のコンプライアンス・コストを内部化して考えるとすると，必ずしも効率的・合理的とはいえない。

(2) 営利型公益団体と公益寄附金控除

アメリカにおいては，学問上の議論として，寄附者の寄附先の選択として，営利型公益団体（for-profit charity）に対して支出した寄附金に対しても，控除を認めるあるいは損金算入の対象とすべきかどうかが検証されてきている[55]。

アメリカの内国歳入法典501条(c)(3)は，「公益団体」として，具体的に「もっぱら宗教，慈善，学術，公共安全の検査，文芸もしくは教育目的で，または子供もしくは動物虐待防止の目的で設立されかつ運営されている法人およびあらゆる地域共同募金体，地域共同体基金もしくは地域共同体財団」を列挙している。すなわち，「宗教団体」，「慈善団体」，「学術団体」，「公共安全検査団体」，「教育団体」，「スポーツ競技団体」，「子供・動物虐待防止団体」および「地域共同募金体，地域共同体基金，地域共同体財団」を掲げている。ただし，「非分配要件（non-distribution constraint）」があることから，この種の公益団体が公益目的活動を行い，仮に純益が上がったとしても，その利益には所得課税が行われないと同時に，配当（分配）も禁止される。

例えば，営利企業が行う研究・開発活動は，法典501条(c)(3)にいう「学術（scientific）」目的に資すると解することが不可能ではない。また，営利企業の行う広告宣伝活動は，同号にいう「教育（educational）」目的にあたると解することも可能な場合もあり得る。新聞の発行や出版，娯楽産業なども，「教育」目的に資すると解し得る場合も出てこよう。したがって，非分配要件を捨象（抜きに）して考えると，営利型公益団体に対し支出した寄附金に公益寄附金税制を適用してもよいのではないか，との見方もできる。とりわけ，営利企業が税制上の研究開発費控除などを認められたうえで特殊戦闘機開発や代替エネルギー開発など収支が合わない先端技術にかかる研究開発を行っていることを考えると，営利型の公益団体に対しても公益寄附金控除を認めてよいのではないか。

たしかに，現行税法上の「学術」，「教育」等々についての不確定な定義の下

では，「営利型公益団体」に公益寄附金税制の適用を論じる実益がないともいえる。しかし，収支が合わない研究開発事業向けに，現行税法は別途に研究開発費控除や直接補助金などの制度を用意している。したがって，現行税法上の「公益（慈善）目的」をより明確にし，「営利型公益団体」への税制上の支援措置の適用を絞る一方で，「営利型公益団体」には，研究開発費控除や直接補助金を拡大することにより，すみ分けするのも一案である。

Ⅲ 現代正義論の展開と非営利公益団体支援税制正当化根拠の再検証

アメリカの法学界においては，さまざまな法政策や法解釈の正当性の判断においては，その根拠を「正義論（theories of justice）」の展開に求める傾向を強めている。こうした傾向は，非営利公益団体に対する税制上の支援措置を含む租税政策の精査においても例外ではない[56]。

1 アメリカの現代正義論の系譜[57]
(1) 「分配的正義」論の展開
　　功利主義
　　(a) ロールズの正義論
(2) 新たな現代正義論の展開
　　(a) リバタリアニズム
　　(b) ノージックの正義論
　　(c) ハイエクの正義論
(3) ドゥオーキン＝センの資源の平等論
(4) 共同体論——リベラリズム正義論への批判

2 分配的正義論の視角からの非営利公益団体支援措置の評価
アメリカにおける現代正義論の系譜を簡潔にたどってみた。今日，アメリカ租税理論学界において，分配的正義論（distributive justice theory）は，租税政策上の基本課題，例えば，限界税率や課税ベースの選択，富の再配分の正当性

などを検証する際に、重要な規準（baseline）となっている。こうした規準の活用は、アメリカにおける非営利公益団体に対する税制上の支援措置の検証においても、もはや避けては通れない。

(1) 正義論に基づく税制上の支援措置の再検証の必要性

これまでの非営利公益団体課税除外制や公益寄附金税制（税制上の支援措置）をめぐる議論では、大方、非営利公益団体が、政府に代わってあるいは政府に加えて公財や公サービスを提供することの効率性（efficiency）や社会の多元化（pluralism）に寄与する面などに焦点をあてて、議論が展開されてきている。

たしかに、非営利公益活動にかかる租税政策の検証においては、こうした点に着眼することの必要性は否定し得ない。しかし、極めて抽象的に、非営利公益活動の真の目的である「自発的再分配（voluntary redistribution）」機能について論じることは、限界がある。法哲学の力を借り、何らかの規準を定立したうえで例証する英知が求められているとの意見が強くなってきている。

こうしたところに、アメリカ租税理論学界においては、分配的正義論（distributive justice theories）を規準に、非営利公益団体に対する税制上の支援措置を再点検しようという動きが加速している理由がある。

分配的正義論の視角から提起されている検証課題は、おおまかにまとめてみると、次のとおりである（【図表4】）。

正義論者が定立したさまざまな規準を基に、非営利公益団体に対する税制上の支援措置について精査するのは一案である。しかし、問題もある。それは、各正義論者自身は、必ずしも自己の定立した規準に基づいて税制のあり方を十分に精査していないことである。その主な原因は、これら正義論者が、租税制度にとりわけ長けていないことがあげられる。非営利公益団体に対する税制上の支援措置については、なおさらであり、知識・理解がほぼ素人に近い場合も少なくない。

このため、多くの場合、租税理論の専門家が、こうした正義論者の規準を"バイブル"に使い、専門家独自の適用・解釈を展開している。こうした専門家の分析結果が、推論の域を出ず、謬論と見られないこともなしとしない。

(2) 功利主義からみた税制上の支援措置の評価

3　非営利公益団体課税除外制・公益寄附金税制の根拠をさぐる

【図表4】　分配的正議論からみたアメリカ非営利公益団体支援税制の論点

第1	非営利公益活動（チャリティ）のルーツは，再分配の観念に求めることができるのではないか。
第2	チャリティに税制上の支援措置を講じることを認める伝統的な理論の正当化の根拠は，分配的正義の視点から検証することができる。
第3	分配的正義論は，効率論や多元化論など従来から税制上の支援措置を根拠づけてきた見解を理論的に補完することに資することができる。
第4	これまでもチャリティ支援税制については，分配的正義論からある程度検証されてきてはいる。しかし，何が再分配されるべきか，あるいは，正義にかなった再分配（just distribution）とは何かといった，基本的な課題について十分な精査が行われてきていない。原点に立ち返った検証が求められている。

　ひとくちに功利主義（utilitarianism）と言っても，その考えは一様ではない。この点を織り込んだうえでおおまかにいうと，功利主義では，「正義」あるいは「功利（utility）」をはかる規準として，これまでの公益増進よりも，「幸福・幸福増進（happiness）」を重視する。したがって，功利主義の視点から非営利公益団体支援税制正当化の根拠を検証するにあたっては，「公益増進」ではなく，「幸福増進」が規準となる。

　「幸福増進」を規準とすれば，富裕層から貧困ではないが富裕でもない層へ「富」を移転することは，原則として，功利主義の理にかなっている[58]。したがって，博物館や劇場，大学など，直接貧困層を対象とはしていないものの，貧困層を含む非富裕層に「幸福」を提供する事業を行う非営利団体を課税除外にすることや，当該団体に支出した寄附金を控除・損金算入にすることは，是認される。

　現行法下では，例えば医療機関やレクリエーション施設などの多くは，非営利ではあるが，公益性は薄いことから，こうした団体は一般に公益寄附金税制の適用対象から外されている。しかし，功利主義の理念の下では，こうした「幸福増進」団体やその事業活動プログラムは公益寄附金税制の適用対象にあてはまることになる。宗教団体なども，幸福増進の視角からみれば，一般的に公益寄附金税制の適用対象にあてはまる[59]。さらには，各種友愛団体，フットボールクラブなども適用対象に含まれよう。

　これら一般大衆を対象とした共同財（collective goods）や共同サービス

(collective services) の提供を目的とする非営利の団体やその事業活動（プログラム）は，"純粋な公益（pure public interest）"の増進には直接つながらないのかも知れない。一方で，本来的に"純粋な私利（pure private interest）"を目的としているともいえない。しかし，「功利」ないし「幸福増進」には資する。

こうした功利ないし幸福増進益を，「超益（metabenefits）」と呼ぶ学者もいる[60]。ここでいう"超益"とは，さまざまな非営利・社会的活動そのものがもたらす利益よりも，それら活動の無形的な所産としての利他主義（altruism），ボランティア精神（volunteerism），多元主義（pluralism）などの増進をさす。

功利主義に依拠すれば，幸福増進につながる非営利団体や非営利の事業活動（プログラム）は広く，非営利公益団体支援税制の適用対象となるといえる。

(3) 分配的正義論からみた税制上の支援措置の評価

ひとくちに分配正義論（theories of distributive justice）といっても，一様ではない。福祉国家（welfare state）の定立に向けた大きな政府，拡大国家を志向する見解から，政府機能の肥大化には否定的で自助精神を重んじる考え方まで実に多様である。

福祉国家論者（welfarist）にあっては，第一セクター（政府部門）の存在を重くみることに加え，不遇な層を支援するために第三セクター（非営利公益団体やその事業活動）の実績に期待を寄せる。これは，裏返すと，原理主義的な功利主義論者のような幸福増進規準を用いて，不遇でない中間所得層などにまで恩恵がおよぶ多彩な非営利活動にまで税制上の支援措置を広げることには消極的である。したがって，公益寄附金税制は，貧困の解消を目的に富裕層などが自己の"富"を非営利団体や非営利の事業活動（プログラム）に寄附・充当する場合に限り適用されるべきであるということになる。

このような税制上の支援措置のあり方は，不遇・貧困層救済を目的とした非営利団体や非営利の事業活動（プログラム）に限定適用されるべきであるとする考え方は，ロールズの正義論を典拠する見解においても広く支持されている[61]。

(4) 資源の平等論からみた税制上の支援措置の評価

すでにふれたように，分配的正義の規準として，「結果の平等」や「機会の

平等」さらには,「資源の平等 (resource-based equality, resource egalitarianism)」を重視する見解がある。機会の平等 (equality of opportunity) は,現実の租税政策をすすめるうえで重い課題となる。しかし,資源の平等論を説くドゥオーキンやセンは,公益寄附金税制のあり方,正当化の根拠について直接ふれるところがない。

ドゥオーキンの正義論（平等論）に依拠して展開される見解においては,例えば,経済的・社会的に不遇な層を対象とした食料や医療サービスを提供する非営利団体や事業活動（プログラム）に対する税制上の支援措置は,分配的正義に資し,正当化されよう。

これに対して,センの唱えるラジカルな正義論（平等論）では,初期格差是正だけでは不十分とされる。さらに「潜在能力の平等 (equality of capabilities)」を確保するように求める。この正義論に依拠すると,食料支援などだけの非営利団体や事業活動プログラムが税制上の支援措置の対象になるかどうかは疑問になる。税制上の支援措置の対象になるためには,対象者が職業訓練などを通じて自力で糧を得る能力開発を目的とする必要が出てくる。[62]

むすび

民間非営利公益団体や事業活動プログラムのあり方は,支援税制に大きく左右される。支援税制が税金の使途に関心を持つ納税者に広く受け容れられるためには,民間非営利公益団体のガバナンスやアカウンタビリティの確立はもちろんのこと,民間非営利公益団体や事業活動プログラムに対する支援税制を正当化する根拠が精査されなければならない。

支援措置の根拠や存在意義などについては,大きく分けて,①課税除外措置と公益寄附金税制とを分けて検証する方法と,②双方を一体して検証する方法がある。また,この課題の検証においては,これまで見てきたように,日米とも,従来からの「公益 (public interest)」ないし「公益の増進 (public benefit)」を規準とする考え方が支配的である。

この考え方に加え,近年アメリカの租税理論学界では,「正義論 (theories of

justice)」を規準に支援税制を検証しようとする動きが強まってきている。この背景には，公益＝不特定多数の利益あるいは最大多数の幸福という功利主義的な定説に対する疑問が大きくなってきたことがある。

人々の価値観が相対化・多元化するなか，確かにひとつの正義原理に合意を得ることは容易ではない。しかし，税制上の支援措置は，少なくとも多くの人たちが不正義ではないと合意できる規準やかたちにおいて，講じられる必要がある。こうしたところに，正義論に基づく非営利公益団体に対する支援税制正当化の根拠づけが続けられている背景がある。

注
1) 本稿において，特に断りのない限り，「団体」という文言は，法人格を有しないもの（人格のない社団等，任意団体）はもちろんのこと，法人格を有するものも含む意味で使っている。
2) 拙論「欧米主要国の NPO 法制と税制」ジュリスト1105号参照。
3) ここで「本来の活動」ないし「本来の事業」とは，例えば，公益法人にあっては「公益事業」，宗教法人にあっては「宗教活動および公益事業」をさす。また，特定非営利活動法人（NPO 法人）にあっては，「特定非営利活動に係る事業」をさす。これらの事業活動は，一般に「非収益事業」と呼ばれる。本来の事業活動から上がった純益（＝収益−費用）は課税除外とされる。
4) 団体（法人）を課税除外にするのに加えて，個別の公益的な事業活動（プログラム）を課税除外とするかたちがある。
5) わが国では，非営利公益性の高い団体には，収益事業に対するみなし寄附金や軽減税率の適用がある。すなわち，収益事業を営む場合で純益が出た場合には，一定限度まで課税が行われず（みなし寄附金），また，課税される残り部分には軽課税率の適用がある。ちなみに，わが国の収益事業に相当する事業を，アメリカでは，「非関連事業（unrelated business）」と呼ぶ。
6) 学問上，一定の審査を経て課税除外とされる「免税（tax exemption）」と，当然に課税除外となる「非課税（tax exclusion）」とは異なる。ただ，最近の課税取扱では，区別は不明確，意識的に「非課税」という言葉が使われ，「免税」という言葉は避けられているきらいもある。
7) ただし，課税除外とされた部分および税引き後の収益事業所得は分配できず，内部留保ないし本来の事業活動に充当されなければならない。
8) 公益寄附金は大きく，団体（法人）に対する寄附と個別の事業活動プログラムに対する寄附（指定寄附金）とに分けることができる。
9) 所得控除（tax deduction）方式と税額控除（tax credit）方式の選択肢がある。もっとも，後にふれるように，公益寄附金税制の構築にあたり，どちらの方式が好ましいの

10) 公益寄附金税制については，①納税者が寄附金を支出した場合の控除・損金算入限度額と，②寄附金受け入れ側〔控除・損金算入対象となる寄附金を受け入れる一定の法定要件を充たした公益性の高い適格非営利公益団体（法人）〕および事業活動プログラムの選定が重い課題となる。わが国の場合，「適格非営利公益団体（法人）」とは特定公益増進法人や認定NPO（特定非営利活動）法人，「事業活動プログラム」とは指定寄附金をさす。一方，アメリカの場合，適格非営利公益団体（法人）とはパブリック・チャリティ（public charities）をさし，事業活動（プログラム）とは諸州のタックス・チェックオフ（tax check-offs）をさす。拙論「日米におけるタックス・チェックオフの展開―わが国での使途選択納税制度・受配者指定寄附制度の展開」白鷗法学12巻1号参照。

11) 本稿では，基本的には従来からの二分論にしたがいながらも，近年の「分配的正義論（distributive justice）」からの支援措置については，一体論に傾注したかたちで分析・紹介する。

12) 第13回帝国議会衆議院所得税法改正に係る審査特別委員会速記録（第1号）3〜4頁参照。

13) ちなみに，わが国の公益社団法人・公益財団法人の場合も，法人関係者に特別の利益を与えないこと（公益法人認定法5条3号），定款への残余財産の継承的処分の明記（同5条18号）のように，公益用財産の私的流用を禁止している。こうした要件の設定は，法人実在説，非営利公益法人は独立の納税主体とする見解に対応する意味合いも強い。

14) See, Boris I. Bittker & George K. Rahdert, The Rationale for Exempting Nonprofit Organizations from Corporate Income Taxation, 85 Yale L. J. 299 (1976).

15) わが国における非営利性についての分析として，林寿二『公益法人の研究』（1972年，湘南堂書店）28頁以下参照。

16) See, Johnny Rex Buckles, The Case for the Taxpaying Good Samaritan: Deducting Earmarked Transfers to Charity Under Federal Income Tax Law, Theory and Policy, 70 Fordham L. Rev. 1243, 1284-96 (2002).

17) See, Henry B. Hansmann, The Rationale for Exempting Nonprofit Organizations from Corporate Income Taxation, 91 Yale L. J. 54 (1981).

18) Henry C. Simons, Personal Income Taxation: The Definition of Income as a Problem of Fiscal Policy 50 (1938).

19) ちなみに，本稿では，所得概念の視角からの詳細な検討を行っていない。See, *e.g.*, Boris I. Bittker, A "Comprehensive Tax Base" as a Goal of Income Tax Reform, 80 Harv. L. Rev. 925, 932 (1967); R. A. Musgrave, In Defense of an Income Concept, 81 Harv. L. Rev. 44, 56-57 (1967); Victor Thuronyi, "The Concept of Income," 46 Tax L. Rev. 45, 46 (1990); Richard Goode, The Economic Definition of Income, in Comprehensive Income Taxation 1-10 (Joseph A. Pechman ed., 1977).

20) 後述のように，幸福増進規準功利主義（happiness-based utilitarianism）に基づき，幸福増進に資する非営利団体や事業活動（プログラム）を幅広く課税除外にすべきであるとする考え方がある。本稿III2(2)参照。

21) See, *e.g.*, Private. Letter Ruling 88-49-023 (Dec. 9, 1988).
22) See, Steven A. Bank, "Entity Theory as Myth in the Origins of the Corporate Income Tax," 43 Wm. & Mary L. Rev. 447 (2001).
23) See, Johnny Rex Buckles, "The Community Income Theory of the Charitable Contribution Deductions," 80 Indiana L. J. 952 (2005).
24) See, Stanley S. Surrey & Paul R. McDaniel, Tax Expenditures (1985, Harvard U. P.). なお，邦文の研究としては，拙論「租税歳出概念による租税特別措置の統制」『アメリカ連邦税財政法の構造』(1995年，法律文化社) 14頁以下参照。
25) わが国に場合，任意団体，特定非営利活動法人 (NPO) 法人，非営利型の一般社団法人・一般財団法人〔完全非分配法人や共益法人〕などは，本来の事業に対する法人税が課税除外となっている。これは，NPO/NGO に対してみだりに課税権力が介入しないようにし，市民の結社権を保障する意味でも重要な意味を有している。
26) なお，「公益」とは何かについては，本稿Ⅱ 公益寄附金税制の根拠において詳説する。
27) 井上恵行『宗教法人法の基礎的研究〔改訂版〕』(1972年，第一書房) 354頁以下参照。
28) 碓井光明「宗教法人の現状と問題」ジュリスト増刊総合特集33号『日本の税金』(1984年，有斐閣) 129頁参照。石村耕治編『宗教法人税制と法制のあり方』(2006年，法律文化社) 30頁以下参照。
29) 詳しくは，金子宏『所得課税の法と政策』(1996年，有斐閣) 参照。
30) See, Bittker & Rahdert, "The Exemption of Non-Profit Organizations from Federal Income Taxation," 85 Yale L. J 299, at 314 *et seq* (1976).
31) See, Mark P. Gergen, "The Case for a Charitable Contributions Deduction," 74 Va. L. Rev. 1393, at 1398 (1988).
32) 拙論「使途選択納税と租税の法的概念」獨協法学80号81頁以下参照。
33) 納税者が，法定税額を，直接政府 (国や地方団体) に納付するか，あるいは国等に対して寄附金のかたちで支出しても，いずれにしろ政府の懐に入金することになる。このことが，国等に対し支出した寄附金を所得計算上控除・損金算入を認めている理由であろう。もっとも，国と地方団体を一体としてとらえ，あらゆる政府間寄附 (intergovernmental donations) を一律に，所得計算上控除・損金算入を認めることには異論もあり得る。
34) わが国では，しばしば「公共」と「公益」との違いが問題になる。この点，例えば，法人税法は，収益事業を含めて法人税が課税除外となる別表第1「公共法人の表」と収益事業を除いて法人税が課税除外となる別表第2「公益法人等の表」とを峻別している。これに対して，アメリカにおいては，「公財 (public goods)，公サービス (public services) (あるいは，公財や公サービスが持つ「公益・公益増進 (public benefits)」) は，政府機関 (公共機関) はもちろんのこと，非営利公益団体 (NPO/NGO) においても提供できるとされる。また，アメリカ連邦法人課税上，原則として政府機関の収益事業は，NPO/NGO の行う収益事業と同等に，法人課税の対象となる。このように，アメリカにおいては，わが国でいう「公共」と「公益」との区分は必ずしも明確ではない。
35) 林寿二『公益法人の研究』(湘南堂書店，1972年) 21頁以下参照。

36) 環境権とは，一般に「健康で快適な環境の回復・保全を求める権利」と定義され，具体的には日照権，静穏権，眺望権などを指すとされる。環境権を認める根拠条項としては，憲法13条に加え，憲法25条〔生存権〕をあげることができる。
37) 公益法人実務研究会編『新訂 公益法人の理論と実務』（公益法人協会，1981年）21頁以下参照。
38) See, Lorraine Eden & Melville L. McMillan, Local Public Goods: Shoup Revisited, in Retrospectives on Public Finance 178 (Lorraine Eden ed., 1991) at 113-115.
39) See, e.g., Henry Aaron & Martin McGuire, "Public Goods and Income Distribution," 38 Econometrica 907, 915-16 & note b (1970). ちなみに，非競合性と排除性不能性・排除不可能性の2つの性質を兼ね備えた完全な純粋な公財ないし公サービス（pure public goods or service）は，国防や外交に加え，司法が警察などに限られる。多くの公財ないし公サービスは，さまざまな割合でこれら2つの性質を有しており，準公財ないし準公サービス（quasi public goods or service）とも呼ばれる。公園や図書館，市民ホールなどがあてはまる。
40) 社会の安寧に資するという意味では，正の外部性（positive externalities），とりわけ「技術的外部性」（市場を通さずに影響を及ぼすという意味での外部性）に社会の利益にプラスに作用すると見ることができる。
41) 第一セクター（政府部門）にある公的機関は，憲法上宗教活動が禁止されている。憲法学では，宗教活動に該当するかどうかの判定にあたっては，「目的効果基準」が用いられている。目的効果基準とは，公的機関の行為の目的が宗教的意義をもち，その効果が宗教に対する援助，助長，促進または圧迫，干渉等にあたるかどうかをもって，憲法20条3項にいう「宗教的活動」に該当するかどうかを判断するものである。宗教活動に対する各種課税除外〔課税しないとする〕措置は，「租税歳出（tax expenditures）」にあたり，その効果が宗教に対する援助，助長または促進につながるかどうかは精査を要するところである。また，逆に，宗教活動に課税するとした場合，政府による課税行為が宗教に対する圧迫，干渉等にあたらないのかどうかも問われる。
42) もっとも，先に指摘したように，ここで問われる公益性あるいは公益増進性とは，憲法が保障する信教の自由や教育の自由がかかわる宗教活動や教育活動（本来の事業活動）についてではなく，団体（法人）の組織や運営などについて法令遵守がなされているかどうか，すなわち，いわゆるガバナビリティ，アカウンタビリティなどについてである。
43) See, James J. Fishman & Stephen Schwarz, Taxation of Nonprofit Organizations (2nd ed., 2006) at 652.
44) See, Miranda P. Fleischer, "Charitable Contributions in an Ideal Estate Tax," 60 Tax L. Rev., 263 (2007).
45) ここでは，必ずしも非営利公益団体に対する課税除外措置正当化の根拠と公益寄附金税制正当化の根拠とが明確に峻別されたかたちで論的展開が行われているわけではない。
46) See, William D. Andrews, "Personal Deductions in an Ideal Income Tax," 86 Harv. L. Rev. 309, at 344-75 (1972). これに対して，非営利公益団体の所得は，営利団体の場合と

同様に「所得」測定は可能であるとする見解がある。この考え方によれば，個人の支出した公益寄附金は消費（したがって所得）を構成する。また，公益寄附金控除は制度は，非営利公益団体を支援する租税歳出にあたるとする見解がある。See, Henry B. Hansmann, "The Rationale for Exempting Nonprofit Organizations from Corporate Income Taxation," 91 Yale L. J. 54, at 59-62 (1981).

47) この考え方の下では，公益団体に対する政府からの直接補助金よりも，寄附金控除・損金算入を通じた支援の方が，一定の要件を充足すれば自動的に歳出が認められることになることから面倒な価値判断を必要とせず，合理的・効率的であるとの視点が強調される。See, e.g., Mark P. Gergen, "The Case for a Charitable Contributions Deduction," 74 Va. L. Rev. 1393, at 1399-1406 (1988).

48) この考え方の下では，寄附者の選択で公益団体へ寄附金を支出することは，公益団体の多元化に資することなる点が強調される。納税者が自らの判断で，好ましい公益団体にマッチング・グラント（マッチング寄附）を支出する仕組みに相当し，その結果，社会の多元化に貢献するとされる。See, Saul Levmore, "Taxes as Ballots," 65 U. Chicago L. Rev. 387, at 405 (1998); Matching Grants for Charitable Contributions: A Substitute for the Income Tax Deduction," 27 Tax L. Rev. 377, at 379-80, 390-94, 396-99; David M. Schizer, Subsidizing Charitable Contributions: Incentives, Information and the Private Pursuit of Public Goals 9-10 (Columbia Working Paper Series, Paper No. 327, 2008), available at: http://papers.ssrn.com/paper.taf?abstract_id=1097644.

49) See, Mark Gergen, "The Case for a Charitable Contribution Deduction," 74 Va. L. Rev 1393, at 1398-406 (1988).

50) See, Burton A. Weisbrod, Toward a Theory of a Voluntary Nonprofit Sector in a Three Sector Economy, in Susan Rose-Ackerman (ed.), The Economics of Nonprofit Institutions (Oxford U.P., 1986) 21, at 30-31.

51) See, Timothy J. Goodspeed & Daphne A. Kenyon, "The Nonprofit Sector's Capital Constraint: Does It Provide a Rationale for the Tax Exemption Granted to Nonprofit Firms?," 21 Pub. Fin. Q. 415 (1993).

52) 近年，イギリスでは，チャリティ（公益団体）制度改革および社会的企業構想を実施した。この制度改革および構想の一環として，地域社会益会社（CIC=Community Interest Company）という，社会的企業（social enterprise）向けの新たな認定・登録法人制度を発足させた。なお，邦文による分析として，拙論「イギリスのチャリティ制度改革（1）・（2）」白鷗法学15巻2号，18巻1号参照。

53) See, Saul Levmore, "Taxes as Ballots," 65 U. Chi. L. Rev. 387, at 416 (1998).

54) See, generally, Mark A. Hall & John D. Colombo, "The Donative Theory of the Charitable Tax Exemption", 52 Ohio St.L.J. 1379 (1991); John D. Colombo & Mark A. Hall, Donative Theory of the Charitable Tax Deduction (The Perseus Books Group, 1995); John D. Colombo, "The Marketing of Philanthropy and the Charitable Contribution Deduction: Integrating Theories for the Deduction and Tax Exemption," 36 Wake Forest L. Rev. 657 (2001). 近年，わが国でも，パブリック・サポート基準は，

NPO法人などの控除・損金算入対象寄附金の受入れ資格認定の判定基準として採用を強める動きがある。
55) See, Anup Malani & Eric A. Posner, "The Case For-Profit Charities," 93 Va. L. Rev. 2017 (2007).
56) See, Miranda P. Fleischer, "Theorizing the Charitable Tax Subsidies: The Role of Distributive Justice," 87 Wash. U. L. Rev. 505 (2010). フライシャーは，分配的正義の規準から公益寄附金制度を精査することを回避するのは，チャリティ（非営利公益団体活動）の真の目的を理解しないばかりか，公益寄附金を支出することが持つ納税者自身のよる"自発的再分配（voluntary redistribution）機能"の軽視につながる，と説く（Id., at 506）。
57) なお，紙幅が限られているため，この部分を未掲載とした。報告したこの部分や資料を含め，詳細は，白鷗法学19巻1号に掲載する予定である。
58) 幸福規準功利主義（happiness-based utilitarianism）と呼ぶこともできる。
59) See, e.g., Arthur C. Brooks, Gross National Happiness: Why Happiness Matters for America and How We Can Get More of It (Basic Books, 2008) at 41-56.
60) See, Rob Atkinson, "Altruism in Nonprofit Organizations," 31 B. C. L. Rev. 501, at 618. 628-9.
61) See, e.g. J. Bankman & T. Griffith, "Social Welfare and the Rate Structure: A New Look at Progressive Taxation," 75 Cal. L. Rev. 1905, at 1949-50 (1987); Linda Sugin, "Theories of Distributive Justice and Limitation on Taxation: What Rawls Demands from Tax System," 72 Fordham L. Rev. 1991, at 1993-4 (2004); Joseph E. Stglitz, Economics of the Public Sector at 102 (W W Norton 3rd ed., 2000).
62) See, Miranda P. Fleischer, "Theorizing the Charitable Tax Subsidies: The Role of Distributive Justice, 87 Wash. U. L. Rev. 505, at 564-6 (2010).

（いしむら・こうじ＝税法学）

4 討論　市民公益税制の検討

〔司　会〕
　梅原　英治（大阪経済大学・財政学）
　浪花　健三（立命館大学・税法学）
〔討論参加者〕（発言順）
　黒川　功（日本大学・税法学）／後藤和子（埼玉大学・財政学）／伊川正樹（名城大学・税法学）／石村耕治（白鷗大学・税法学）／望月　爾（立命館大学・税法学）／鶴田廣巳（関西大学・財政学）／安藤　実（静岡大学・財政学）／高沢修一（大東文化大学・税務会計学）／富岡幸雄（中央大学・税務会計学）／吉田展洋（生蘭高等専修学校・税務会計学）／武石鉄昭（税理士・税法学）

司会（梅原英治）　それでは討論を始めていきたいと思います。3人の先生方のご報告に対して質問がたくさん出ておりますので，報告の順番通りに進めていきたいと思います。

　質疑応答に入る前に，今回「市民公益税制の検討」というテーマを選定した理由をご説明しておきたいと存じます。

　これまで当学会では，消費税や法人税，所得税，相続税など，比較的大きな税目をテーマとして大会を開催してまいりましたが，今回は重要だけれども，従来と比べるとややマイナーなテーマを取り上げました。

　その理由の第1点は，いわゆる「公益法人3法」（①一般社団法人及び一般財団法人に関する法律，②公益社団法人及び公益財団法人の認定等に関する法律，③一般社団法人及び一般財団法人に関する法律及び公益社団法人及び公益財団法人の認定等に関する法律の施行に伴う関係法律の整備等に関する法律）が2006年5月に成立し6月に公布，2008年12月に施行されまして，5年間の移行期間を経て，2013年には新制度に移るということで，現在は新制度に移る過渡期の中にありますので，こういう公益法人制度改革についての検討が必要ではないかというのが第1の理由です。

　2点目は，昨年の9月に政権交代がございまして，鳩山内閣において「新しい公共」が提起されるとともに，政府に円卓会議が設置され，それに基づいて税制調査会市民公益税制プロジェクトチームの中間報告などが出され，寄附税制の改正案が税制改正大綱に盛り込まれると思われます。市民公益税制が2011年度税制改正の焦点の1つとなっておりますので，ぜひ取り上げたいというのが第2の理由です。

　3点目は，当学会ではこれまで市民公益税制，あるいは公益法人税制改革，

NPO税制については取り上げておりません。当学会の持ち味は財政学，税法学，税務会計学という3つの学問分野から租税について総合的にアプローチしていこうというところにありますので，市民公益税制についても当学会の持ち味を活かしてアプローチをしていくことが社会的にも，学界的にもお役に立つのではないかということでございます。

4点目は，今，現下の税制改革論議の最中にございますので，当学会での議論が何らかの形で税制改正論議に影響を与えられたらと思う次第です。

以上のようなことからテーマを考えた次第です。

1　後藤報告について

司会（梅原）　さて，1番バッターの後藤先生にいくつかの質問が寄せられていますので，後藤先生に対する質問から行いたいと思います。

まず，日本大学の黒川先生からお願いしたいと思います。

黒川功（日本大学）　日本大学の黒川でございます。先生のご報告の中で，NPOは準公共財を提供するというご説明があったと思いますが，実は私，現時点でも公共財とは何かということをはっきり理解できているとの自信がありません。さらに今度は「準公共財」という言葉が出てきました。これは公益性の概念ともつながる重要な問題だと思いますので，どういう概念なのか，追加してもう少しご説明をいただきたいと思います。また，国境を越えた公益性というご報告でもありましたので，この点との絡みもあわせてご説明いただければと存じます。

後藤和子（埼玉大学）　どうもありがとうございます。まず，公共財とか準公共財というのは，公共経済学という経済学の分野での定義となっていまして，石村先生のレジュメの21ページの囲みで，「『公益』とは，ある者がそれを費消したとしても，他の者はその費消を制限されないような利益をさす（non-rival goods）」ということで，「非競合性」と日本語では訳しますけれども，そういう性質がある財。それから，その下に「排他的でない利益をさす」ということで，だれかが消費したとしても，ほかの者が「その利益の利用を排除されないような利益をさす（non-exclusive goods）」と書いてありますけれども，これは「非排除性」と呼んでいます。この2つを満たすものが純粋な公共財になります。

やさしく言いますと，国防，警察，あるいは灯台であるとかで，この2つを純粋に満たす公共財というのはそんなにたくさんはないと思います。それを利用者の側から見ると，税金だけで賄っているようなサービスは公共財と呼んでもいいと思うのです。ですから，さっき言った国防，警察，あるいは灯台というものは純粋な公共財と言うことができるということです。

それに対して準ずる公共財というの

は，今日ますます増えているようなサービスでして，教育，医療，福祉サービス，それから文化もそうですけれども，利用者が一定の利用料を払いながら税金とのミックスでやっているような財になります。

それはなぜかというと，完全な公共財ではないからということで根拠づけられると思うのですけれども，大東文化大学も学生さんの授業料あるいは寄附，それから政府の補助金ということで，その政府の補助金のもとは税金ですけれども，そういうふうに財源もまざっておりますので，大学に来るということは，本人の便益にもなるし，社会全体の便益にもなるということで，私的な性質と公共的な性質を合わせ持っているものを「準ずる公共財」と考えていただければいいかと思います。

そうすると，国境を越えて成立する「準ずる公共財」とはどういうものかということですけれども，世界遺産に登録されたようなものが例として挙げられるかと思います。例えば，エジプトのピラミッドが登録されているかどうか，ちょっと覚えていませんけれども，訪れた人あるいはエジプト人にとっては便益になる。日本人で訪れていない人にとっては，見ていないのですから直接的な便益にはなりませんけれども，オプション価値，つまりいつかは行くかもしれない，あるいは存在していることそのものに価値があるといったような形で存在しているので，純粋な公共財と言ってしまうと，完全に税金で賄ってというふうなことになってしまいますから，そうではなくて，一定観光収入なども得て維持していくという意味合いからいうと，国際的な準ずる公共財と言ってもいいのかなという気がいたします。そんな説明でよろしいでしょうか。

黒川 私は専門が税法ですので，つい実務的な話になるのですが，制度をつくる場合には，どこかで保護をする，しないという基準を設けて，措置が分かれるわけですね。そのときに準公共財という概念が鍵となるわけですが，便宜的であれ何であれ，その概念の外延というものをどこかに設定できるのか，現時点では難しいのか，その点だけもう少しご説明をお願いしたいと思います。

後藤 ご質問の意味がよく分からなかったのですけれども。

黒川 つまり私的な性格と純粋な公共財の両方の側面をもっている中間的なものであるということですが，それを言ってしまうと，公立図書館の図書であるとか，何かの記念館の展示物であるとか，厳密に言うと中間的な性格を持つようなものが幾らでも考えられるわけです。制度を運用する上では，どこかで線引きをしなければいけない。それを判別する基準というものは便宜的であれ何か考えられるのでしょうか。両方の要素をもっているという一般的属性そのものではなくて，我々が考えるのは，制度上それらは保護するかしないかのどちらかに扱う必要が出てくるわけですから，それを分ける基

準のようなものは考えられるのでしょうかということです。

後藤 分野を越えたお答えというのはなかなか難しいなと思ったのですけれども，non-rival goods と non-exclusive goods の要件を2つとも完全に満たすような財は限られていて，どちらかが不完全であるという財があれば，それを準公共財と呼んでいて，むしろ準ずる公共財の方が公共サービスとしては増えているのが現実だと思いますので，経済学的に線を引くのは非常に難しいのではないかと思うのです。

だから，線を引くとすれば人為的に決めるということだと思うのですけれども，決めることにどういう意味があるのかは，私はちょっと分からないというか，現実にも多様な財源で，つまり政府のお金も入り民間のお金も入って支えられているものとかたくさんありますし，それから，企業であっても公益性を持つのだという議論も最近ではされてきていますので，私と公の境界線というのは非常に揺らいでいるというか，ボーダーが絶えず動いている状況ではないかと思うので，そこに1つの考え方で線を引くというのは難しいと思います。

だからこそ，先ほど言いましたように，ヨーロッパでも，公益とは何か，つまり公益団体というのはどういうものかという定義が，27カ国あれば27カ国に展開が分かれることになっているのかなと思います。

司会（梅原） よろしいでしょうか。それでは次に，名城大学の伊川先生にお願いします。

伊川正樹（名城大学） 名城大学の伊川です。後藤先生からオランダ，特にヨーロッパの状況を詳細にご報告いただきまして，ありがとうございました。現在，寄附というものがどのように扱われているかという状況がよく分かりました。

私の質問は，先生のご報告の中で特に私が興味を覚えましたのは，オランダの税制において，外国のNPOであっても，それに対して寄附をした場合に，オランダの税として控除を認めるという制度についてですが，オランダではどのような根拠に基づいてこのような制度が容認されているのか。おそらくそれには理論的な説明と政策的な根拠あるいは法的な根拠等，いろいろな根拠のレベルがあると思いますが，お分かりの範囲でそのあたりをさらにご教示いただけたらと思います。

あわせまして，そういった制度を導入するに当たって，様々な問題も指摘されているのではないかと思いますが，そういう中で法的な問題，現実の問題等々についても補足して教えていただけたらと思います。それに対しての国内での一般的な評価がどういうものかという点についてご教示いただけたらと思います。

後藤 ありがとうございます。ご質問について，改めて聞いてみなければいけないこともあるので，確定したお答えにはなっていないと思うのですけれども，プレゼンの中でも申し上げたとおり，こう

いう寄附税制について外国のNPOにも適用するときには，おそらくEUにおける税制のハーモナイゼーションの基準，あるいはEUにおける経済のハーモナイゼーションの原則というのを考えてやっていると思うのです。何の基準もなくやっているとは思えないので（追記──なぜ日本のNPOがオランダに登録して寄附金控除の対象となれるのかに関しては，後藤論文を参照されたい）。

1つは，寄附なども資本とみなして，資本移動の自由を妨げてはいけないというのが根拠になる。

もう1つは，ヨーロッパ人であれば全部同等に扱うというのがありまして，NPOについても，EU内のNPOであれば同等に扱うべきである。たとえ外国にあるNPOに対しても，そこに寄附をしたとしても寄附控除が受けられるというふうに同等に扱うべきであるということもあるかと思います。

私の友人（エラスムス大学法学部S・ヘメルス教授）がさらに言っているのは，結局そういうことをしないと，国境を越える公益があるものについての寄附者の選択を，つまり納税者の選択の範囲を狭めてしまう，あるいは，ファンドレイジングの可能性を狭めてしまうということを主張している税法の研究者がいるということです。それについて憲法上の法的根拠はあるのかというのは分かりません。法的には特に問題はないと思うのです。EUの裁判所でも，資本移動の自由，それから同等に扱うということについて

は，そういう判断を示しているということが論文に書かれていますので，特に問題にはならないと思います。

ところが，この制度を導入してみたのですけれども，実際に登録したのは29の外国NPOということで，思ったより進んでいない。大体こういうことをオランダがやっているというのは知らないわけです。日本人で知っているのは私ぐらいではないでしょうか。つまり，インターネット上にオランダ語でそういうことが書かれていたとしても，オランダ語が読めないと分からないわけですし，それからNPOの基準もオランダ語で書かれていたらオランダ語ができないと登録できないことになりますから，隣国であるベルギー，ドイツ，フランスあたりのNPOあるいはイギリスが登録をしているといった状況で，今のところ29です。だから問題になるとすれば，こういう制度の適用は，作ってはみたものの思ったほどグローバル化していないということで，何が国境を越えた寄附のバリアーになっているのかということで彼女は論文を書いたのだろうと思います。

オランダというのは海外に対してとてもオープンな国でして，例えば外国資本をひきつけたいということで，法人税上も配慮して，海外企業の子会社が来たときにいろいろな優遇措置をやっているのはご承知のとおりですし，ほかに才能のある人たちもひきつけたいということで，高学歴で才能があって所得が多い外国人がオランダに移住して所得税を払う

場合には,所得の30％を非課税にする。そういうことを10年間やるから,とにかく才能のある人に来てということで,海外からいろいろなものをひきつけたいという税制をやっていますので,そういう意味で非常にオープンな税制をとっています。

それから,小さな国なので,やはりあちこち周りを見ていないとやっていけない。もともと貿易に強い,流通に強いこともあって,アメリカとヨーロッパと両方を見ながら舵取りをしている。変化に対して対処するのが早い国です。ですから,リーマンショック後,財政赤字削減ということで,ばさっとかなり大胆な歳出カットも今やっていて,それに対してものすごいリアクションも起きているといった現実もあるようです。

石村耕治（白鷗大学） 基本的には,寄附金に関する租税条約です。アメリカとかでは,公益寄附金控除・損金算入に関する二国間租税条約を結んでやっています。例えばアメリカとイスラエルの間では,相互主義でやっています。つまり,アメリカの納税者がイスラエルの公益団体に寄附金を支出した,あるいは逆に,イスラエルの納税者がアメリカの公益団体に寄附金を支出した場合,相互に自国の納税者の確定申告にあたり公益寄附金控除・損金算入を認め合うという形です。あとは,租税条約を結んでいない国との間では,片務的対応,つまり国内税法で,外国の公益団体に寄附金を支出した場合には,所得控除・損金算入を認める形でやっています。ただ,EUでは,マルチラテラルな条約,つまり公益寄附金控除・損金算入に関する多数国間条約を定めて,加盟各国が条約条項を自国の国内税法に採用する方向を目指しています。あくまでも,税法上の公益寄附金控除・損金算入の仕組みに限って言えばです。

伊川 ありがとうございます。私の質問へのご回答は理解いたしました。こういうご質問をしましたのは,今回の後藤先生のご報告のテーマとして国境を越える寄附税制をどのように理論化できるかというご提案でしたので,オランダがこういうことをやっているという背景を分析すれば,もう少しこの辺が見えてくるかなという趣旨でご質問をいたしました。ありがとうございます。

後藤 ありがとうございます。

司会（梅原） ありがとうございました。では,次に立命館大学の望月先生にお願いします。

望月爾（立命館大学） 立命館大学の望月でございます。後藤先生の,特にオランダのお話については非常に参考になりました。私からは,グローバルタックスとの関係について質問をさせていただきたいと思います。まず,本テーマでグローバルタックスについて触れられた理由や動機をお聞かせください。というのも,グローバルタックスというのは,先生もおっしゃっていたように,税制の中で国際公共財の財源を強制的に徴収する仕組みをとります。それに対して,寄附金税

制の場合は，あくまで任意の中で行われるものなのですけれども，寄附金税制との関連で，グローバルタックスを取り上げられた理由について補足的にご説明いただけないでしょうか。

後藤 ありがとうございます。国境を越える寄附について，二国間で租税条約を結ぶ，多国間で結ぶ，あるいは自発的に協調していれば済むということでもなさそうなのです。それで，何らかのハーモナイゼーションが必要だし，提案としてはヨーロッパ財団というものをつくって，そこに1回登録すれば，ある公益については27カ国適用すればいいではないかという議論も起きているということで，どういう理論が，法を使って理論化できるのかということを考えていったときに，国家を越えた機関はない，世界政府というのはないのですけれども，そういうレベルでのハーモナイゼーションを考えなければいけないのではないかと思ったので，それに近い議論をしているものはないかと思ったら，グローバルタックスというのがちょうど出ていましたし，国際連帯税というのもちょうど国境を越える寄附税制と時期的にも同じぐらいに始まっているということもあって，取り上げてみたわけです。

諸富徹先生（京都大学教授）が書いているグローバルタックスの定義は，課税対象となる経済活動が国境を越えているとか，国際公共財供給の財源調達となる。それから，課税主体が単一の国家ではなくて，複数の国が協働して課税したり，超国家機関が課税するという定義をされています。しかも3つの要件を満たすグローバルタックスは存在しないとみずからおっしゃっているのですけれども，国境を越える寄附税制の扱いについても，経済活動が国境を越えるとか，国際公共財供給の財源調達となるというのはそのとおりです。

3番目については，ここが非常に悩ましいところで，ここをどのように理論化できるかというのがたぶん今後の課題になると思います。それは今までのような考え方ではたぶんできないので，植田和弘先生（京都大学教授）などは「重層的ガバナンス」という概念を出しておられて，つまりフィスカル・フェデラリズムでも説明がつかないので，今後は政府間だけではなくてNPOやNGOも加えた重層的ガバナンスという概念を出しておられたりするのですが，そのような視点も検討していく必要があるのではないかと考えていますけれども，どのように理論化したらいいのかはヨーロッパでも議論中ということですし，私も今すぐここでお答えすることはできないのですけれども，考えてみたいと思っています。

望月 ありがとうございます。

もう1点。先生はオランダにお詳しいのでお伺いしたいのですが，オランダでグローバルタックスあるいは国際連帯税についてどのような議論があるのでしょうか。先ほどのご報告の中では航空券連帯税を一度導入したのだけれども，どうも隣国の空港と近いので，そちらの方に

乗客が流出してしまって，結局取りやめてしまったというお話でしたが，そのあたりの事情もお聞かせください。一方で，通貨取引や金融取引に対する課税という議論もヨーロッパで出てきているのですが，オランダは今こうした議論に対してどのようなスタンスをとっているのかについて，補足的に質問させていただきます。

後藤 先生が最後におっしゃった点について最新の状況を知りませんので聞いてみたいと思います。現時点でどういう展開かというのはちゃんと聞かないと，無責任な答えをしてはいけないので，そういうことにさせていただきたいと思うのですけれども，オランダの議論というのは，オランダの税法の人たちと議論をしていても非常に実践的というか，現実的なことを考える人たちだなという印象を持っています。ですから，国際連帯税というのが概念としては良くても，実際に導入してみてうまくいかなければぱっと廃止するということで，短い期間で廃止してしまったようですし，グローバルタックスという考え方も出てきているけれども，それが実際にどういうふうに機能するのか，あるいは国内法，それからEU全体のハーモナイゼーションのルールという点ではどうなのかということで，実際にはそんなに簡単にはいかないわけです。そういうことで，議論の最中ではないかと思います。

司会（梅原） ありがとうございました。では，続いて関西大学の鶴田先生，お願

いします。

鶴田廣巳（関西大学） 関西大学の鶴田です。先ほどの後藤先生のご報告は非常に面白いご報告だったと思います。すでにいろいろなご質問がありましたけれども，寄附税制の国際的なハーモナイゼーションというのは実際にはなかなか難しいところがあるかと思うのです。その根拠として，たぶんこれがすべてだとは言われていないと思いますけれども，フィスカル・フェデラリズム，財政連邦主義というのを挙げられているわけですが，一般に財政連邦主義は，外部性を媒介にして，できるだけ上位の政府しか国際的再配分などの機能は担うことができない，地方レベルでは資源配分だけで，経済成長だとか所得の再配分といった機能は中央政府が担うのだという理屈で説明しますので，確かに国際的なこういう公益というものを外部性とみなすとフェデラリズムで説明できなくもないような気もするのですが，そのあたりの論理というのを先ほど十分には説明していただけなかったかと思いますので，ご説明をいただければということが1点です。

もう1点，それと関連して便益の外部性とか国際的な公益性ということが，たぶんハーモナイゼーションの場合には問題になっているのだろうと思いますけれども，具体的には27カ国でしたか，共通の公益性を見出すというのは非常に難しいというお話がありましたけれども，その内容あるいはそれを国際的に確認していく具体的なプロセスをどう展望されて

いるのかというあたりをもう少し敷衍していていただければということです。
　以上の2点についてご質問したいと思います。
後藤　どうもありがとうございます。私もこの発表を準備して初めてフィスカル・フェデラリズムについては、もう一度検討してみなければいけないなと思いました。一般的に言われていて、今まで考えてきたようなことだけでいいのか、財政学でフィスカル・フェデラリズムと言われているものを再検討してみる必要があると思いました。

　ヘメルスの論文を読むと、5段階ぐらいチェックをしているのです。フィスカル・フェデラリズムという、経済学者が作り出した枠組みで検討しますと言っていて、5つというのは結構順番がありまして、規模の経済があるとか、国境を越えた外部性があるとかいうようなこととか、下位の政府でも十分供給されるものであれば全く必要がないとか、それから持続的に自発的に協力可能であれば全く必要がないというようなこと。それから、協力することになった場合には、どの程度、何を協力できるかについて検討しなければいけないことになっていて、日本で触れている、私たちが勉強してきたニュアンスとちょっと違うのです。だから、もう少しこの辺は詳しく今後勉強してみたいと思っています。

　先ほども申し上げましたけれども、植田先生は、これでは不十分だから重層的ガバナンスという概念を入れるのだと本にお書きになっているので、では重層的ガバナンスというのが概念としては可能であったとしても、具体的にはそれぞれ各国の法がありますし、税法があるので、どのように可能なのかについても考えてみたいと思っております。

　2番目が、国際的公益性ですけれども、これもEUでヨーロッパ財団を検討したときにされたのは、どういう公益を各国が挙げているのかということで、その最大公約数というか、みんなどの国にも共通するようなものについて国際的公益性と認定したらどうかという議論がされております。

　それは1つの方法かと思います。まず一致できるものからやっていくのも1つの考え方だと思いますし、例えば文化財とか文化遺産であれば、ユネスコに登録されているものについては共通の公益性を認めましょうというルールもできるかもしれません。それは、ユネスコの中でどれを世界遺産にするかといったときに、例えば無形文化遺産、この間、結城紬と沖縄組踊が認められましたけれども、何が無形遺産なのかということについても世界中で定義が違うということで、相当論争を繰り広げた上で指定をしていっていることに鑑みると、そういうふうな国際的な枠組みがあるものについては、それを基準にするという考え方もできるかと思います。ですから、やはりケース・バイ・ケースでいろいろなことが検討されるべきかと思います。

司会（梅原）　ありがとうございました。

続きまして，静岡大学名誉教授の安藤先生，お願いします。

安藤実（静岡大名誉） どうもご報告ありがとうございました。寄附税制という表現からしまして，寄附を租税との関連で捉えていると思います。レジュメの中にありましたが，日本に寄附文化がないと言われることは，日本の租税文化が貧弱なことの反映と見ることはできないでしょうかという質問です。この場合，文化というのは人々の意識，しかも行動と結びつけた意識と理解して言っているわけですが，そういう質問です。

後藤 どうもありがとうございます。租税文化というのは，税に対する意識ということでよろしいですか。自分たちが納税者であるという意識ということですね。

確かに先生がおっしゃるように，アメリカは個人でたくさん寄附をするわけですけれども，寄附をした金額については所得税から控除するために自分で申告をしていると思いますので，納税者であるという意識は日本人よりは強いような気もしますが，それを定量的に確かめたことはありませんので，おそらくそうなのではないですかという返事しかできないように思います。むしろ先生から教えていただきたいということでございます。

司会（梅原） 後藤先生へ出された質問状は以上ですけれども，フロアから後藤先生に対するご質問があれば，どうぞお手を挙げてください。よろしいですか。どうもありがとうございました。

2　髙沢報告について

司会（梅原） 続きまして髙沢先生の報告に対する質問に移らせていただきたいと思います。髙沢先生のご報告は大きくCSR会計の部分と環境税導入提案の部分に分かれ，ご質問も大きくこの2つに分かれておりますので，質疑応答も分けていきたいと思います。

まず，CSR会計に関する質問が黒川先生と後藤先生から出されております。黒川先生，お願いします。

黒川 日本大学の黒川でございます。CSR会計というものは初めてお教えいただいたのですが，例えばパワーポイントの21ページに分かりやすく書かれておりますが，CSRの報告書というのは環境だとか労働，人権といった観点から，従来あるPL（損益計算書）の費用関係の情報をもとに編さんされた，要するに目的の違う報告書の域を出ないものなのかという点が1つ把握し切れない部分でございました。

といいますのは，従来の企業会計というのは要するに投下資本と回収資本の関係の認識と表示が基盤にあります。いわばここに出ている費用科目＝原価・費用・損失等は，大体投下資本の部分を表現しているのですが，資本の運動を記録して表示する機能をもつ会計学の前提の中で，その表示形態が組みかえられている制度であると理解してよろしいのでしょうか。

Ⅰ　シンポジウム　市民公益税制の検討

髙沢修一（大東文化大学）　黒川先生，ご質問ありがとうございます。正直申し上げまして，この構造自体がどのようになっているのかというのはなかなか説明しづらいところです。

　本来，会計学であれば，先生もご存知のように，費用収益対応の原則に基づくというのが1つの原則としてあり，費用収益対応の原則に基づいて損益計算書がつくられています。現状であれば，発生主義に基づいてつくっていくことになると思うのですが，ここに出ているPL上の費用項目とCSRに関する関連コストとの連携性というのは各企業ごとによって異なります。目的ごとに作成されているという明確な意図が感じられたものもあれば，特にそういう意図のないものもあるというのが現状です。つまり，投下資本と回収資本とのバランスの上に成り立っているものではないと認識しています。そのため，この点が，まだCSR会計というものがEUの企業体のみでの採用であって，広く一般的に採用されていないことの大きな要因なのではないかと思います。この点が整然と会計フレームワークの中で位置づけられることがない限り，CSR会計という会計システムが一般的に普及するということは確かに考えられないと思います。そして，この点をどのようにどう認識していくか，どのように識別，測定していくかということが今後の課題であると思います。

司会（梅原）　今のご質問はよろしいでしょうか。では，次に移らせていただきまして，報告者の後藤先生から報告者の髙沢先生に質問がございます。後藤先生からはCSR会計についての質問と環境税についての質問が出されておりますので，環境税については後にしていただき，先にCSR会計に関する質問からお願いしたいと思います。

後藤　分かりました。なかなか他の分野の先生とお話しできる機会がないのでいっぱい質問を書いてしまったのですけれども，教えていただきたいということで，まずCSR会計の中できちんと寄附をしたことが説明できれば非常に寄附も進むのではないかと感じまして，CSR会計の中で寄附はどういうふうに位置づけられるのかというのが最初の質問です。

　スライドの23のところに，実は三井住友が作られたという内部効果と外部効果の開示という中で，外部効果のところ，社会貢献，福祉活動のところに「寄附金等の拠出額」と書いてあって，私の頭では，出したのだからコストではないかと思うのですけれども，なぜこれが外部効果に載っているのかというのもあわせて教えていただければうれしいと思います。それがまず第1点です。

　第2点目は，環境税の議論をされているので，環境税であれば環境会計で処理をする。環境会計の方がより客観的に数字が出ているし，考え方も明快なようですから，環境税は環境会計で説明した方がいいのではないかと思うのですけれども，なぜCSR会計が必要なのかという

ことです，環境税に限ってです。一般的にCSR会計があった方がいいかもしれないということとは別に，環境税をなぜ環境会計ではなくてCSR会計で扱おうとされたのかが2点目です。

3点目は，CSR会計の客観性や妥当性というのはどこで担保するのですか。私は専門外なのでよく分からないこともあって，これを見た限りだと三井住友とJR東日本は全く違うし，一体どこで客観性や妥当性を担保するのですかというのが3番目の質問です。

髙沢 後藤先生，ご質問ありがとうございます。順番に答えれば本当はよいのでしょうけれども，お話の流れの中から順番を変えて2番目と3番目のご質問から先にお答えさせていただきたいと思います。

まず，環境税ならば環境会計で十分なのではないかというご質問についてですが，これは，なぜ環境税に対して環境会計ではなくてCSR会計なのかというご質問だと思います。これは，私の説明が至らなかったのかもしれないのですが，逆なのです。環境税導入のためにCSR会計を導入するのではなく，CSR会計の普及のために環境税を導入しようというのが本報告の趣旨です。つまり，CSR会計を普及させるための1つの手段として，現状であれば環境税が最も適しているのではないだろうかと考えました。もちろん，CSR税でもいいですが，CSR税という考え方をしている研究者の方を探せず，文献等でも探せなかったので，では研究者や文献等で探せないのであれば，自分で考えればいいということになるでしょうが，私の能力ではCSR税の課税標準を何にしたらよいのかとかいう根本的なところが考えつきませんでした。そうすると，現状であればCSR会計の導入のための1つの手段として，あくまでも環境税が現状では適しているのではないかということになり，たぶん逆にご理解をいただいたのではないかと思います。環境税の導入のためのCSR会計導入では決してありません，逆です。CSR会計普及のために現状であれば環境税がよいのではないかということです。

また，どうして環境会計ではだめなのかというご質問ですが，これは，研究者によって考え方が異なると思います。先ほどもスライドで簡単に説明させていただきましたが，環境会計というのは広い意味でCSR会計の中に内包されていると認識できます。現状で求められているのは，やはり企業の社会的責任を明確にすべきであるという点であり，また，本大会においてテーマとして扱っていくべき1つの方向性として企業の社会的責任を明確にするということがあると思います。その観点から，環境会計ではなくCSR会計の普及，導入というものが適しているのではないかと考えました。

最後に，1番目の質問についてですが，パワーポイント23で三井住友のホームページを用いて説明しましたが，何をもって社会貢献や福祉活動の中に寄附金

等を入れて，その寄附金等の拠出が外部効果の役割を果たしているのかということは，私は三井住友の人間ではないので，正確には分からないのですが，私が推測するところでは，先ほど申し上げましたように，現状は，このCSRというものが経営戦略の中の一環として捉えられているということを考えたときに，寄附金等を拠出するということが外部に対して良いイメージを与え，企業イメージの向上につながる，そのため「外部効果」に載せているのではないかと推測いたします。これは，企業側の人間ではないので，あくまでも私個人の推測とお考えいただければと思います。

以上，ご質問に対するお答えとさせていただきます。

司会（梅原） よろしいでしょうか。続いて，環境税関係の質問に移りたいと思います。ここでは富岡先生，鶴田先生，吉田先生，後藤先生から質問が出されております。

では，中央大学名誉教授の富岡先生，お願いします。

富岡幸雄（中央大名誉） 中央大学の富岡です。髙沢先生，最初に北野弘久先生からきょうの研究発表のご依頼の話があったというお話，感動しました。師匠から依頼されて，それに対してお応えになられた。大変ご立派ですね。ありがとうございました。税務会計の分野は難解なので，なかなか引き受け手がないのです。統一論題が税務会計からのアプローチは難しいテーマなのに税務会計に結びつけられたことに対しても感銘を受けました。

ところで，困ったことに，今，後藤先生とのやりとりをお聞きして，CSR会計を確立するために環境税を導入するということですね。先生のレジュメの最後で「CSR会計導入の重要性を提言するとともに，CSR会計を普及させるための1つの手段として環境税の創設を提言したい」と，ご主張になっておられますが，逆ではないかと私は思ったのです。急いでお書きになられたから逆ではないかと思って質問して，言わない方がいいのかな，と思ったのですが，後藤先生に対するお答えの冒頭に，確信を持たれてしっかりしたお言葉で言われましたから，またこれは困ったことになってしまったなと思ったのです。

会計のために社会があるのですか。会計なんて小さいものですよ。そもそも先生のお考えの環境税とは，その本質は何なのですか。環境税の本質は何と考えるか，逆ではないかと，大変失礼ですけれども。先生に対して私は好意を持っていますからサポートしたいのですけれども，先生のような権威者がこういうことを学会の席で言われると誤解を招いて，環境税に対するしっぺ返しが，会計学に来ると迷惑しますから言っているだけですが，環境税の本質って何なのですか。会計を普及するためにあるのですか。取りあえずそこだけ答えてください。

髙沢 富岡先生，ご質問，叱咤激励，ありがとうございます。いくつかご質問が

あったのですが、きちんとお答えしないと先生からお叱りを受けると思いますのでしっかりとお答えさせていただきます。

まず、会計が何のためにあるのかということですが、会計は、記録、伝達、開示の一連の流れの中で存在すると考えています。つまり、必ずしも会計が社会をすべて動かすものであるとはもちろん考えていません。あくまでも社会活動をサポートするための１つの手段と認識しています。

富岡 そうすると、環境税というのはCO_2を抑制するためにやる、民主党の案も、今、政府税調で審議している案も、石油石炭税を５割増にする。CO_2の排出度合いに応じて多くするということですから、CO_2を抑制するということですね。こういうふうに考えてはいけないのですか。会計とは直接に関係ないですよね。企業が負担し支出した環境税をどう処理するかが後の会計ですよね。いかがですか。

髙沢 まず、環境税に関しての考え方というのは２つあると思っています。

第１に、グローバルスタンダードで考えてアプローチできると思います。第２に、政策税制の中で考えていくべきなのではないかと思います。そうすると、グローバルスタンダードで考えたときには、やはり先行事例となるのはEU諸国で行われているものであり、それは、必ずしも炭素税には限定しておらず、北欧では、炭素税を中心にスタートしましたので、確かに炭素税は端緒、きっかけにはなっていると思うのですが、それ以後、ほかのものにも広がってきています。グローバルスタンダードで考えると、炭素税だけに限定するというのはいかがなものかと思います。

ただし、先生がご指摘になったように、民主党が考えている環境税においては、あくまでもCO_2の削減ということを念頭に置いていると思います。これは、京都議定書の延長上に存在しているものと認識しています。そうしたときに、政策税制の一環として環境税というように考えたときには、やはりCO_2の削減というものが議論の中心になってくると思います。

最後になるのですが、それと会計はどのように関係するのだということですが、確かに関係はしていないと思います。しかし、そうすると、本報告は何の意味もなさないということになりますので、税務会計からアプローチしたとお考えください。

富岡 最後です。無理しない方がいいですよ。レジュメの14ページの最後の真ん中あたりに、「『税務会計学』のシステム性を重視した場合には、CSR会計に対応させて『CSR税』という税制を創設すべきである」とまで書いていますね。

税務会計学のために環境税ができたり、CSR税ができたりしたのでは大変なことですよね。ですから、これはしっかり訂正していただいて、税務会計学は、社会的公共性の強い学問です。租税負担

I シンポジウム 市民公益税制の検討

の公正化に会計学的なアプローチを用いてお手伝いする。会計学的なアカウンティング・マインドによって課税ベースの特性を精密化するための科学だ，これが税務会計学なのです。ですから，無理にシステム論に結びつけてこじつけない方が今後の税務会計学のためにいいと思っています。

　髙沢先生，ぜひ税務会計学を新しい形で発展させてください。私は20世紀の古い税務会計学を作ってきましたから，新しい21世紀の人類平和のための税務会計学にするようにしていただくことをお願いして，御礼を申し上げて終わります。ありがとうございました。

髙沢　富岡先生，どうもありがとうございます。

司会（梅原）　ありがとうございました。続きまして，関西大学の鶴田先生，お願いします。

鶴田　関西大学の鶴田です。私は，税務会計は全く門外漢ですので，そこにかかわる質問はできませんけれども，1点だけ，環境税にかかわって，最後の「おわりに」のところで，環境税を一定の法人税額を納税する企業，または一定の企業規模を有する企業を納税義務者に限定して課税してはどうかというご提案をされているわけですね。要するに不均一課税のご提案かと思いますけれども，そういう不均一課税方式がいいのか，それとも均一課税をして，その上で経済政策的な目的あるいは社会政策的な目的がある場合，その対象分野あるいは企業に対して補助金を支給するなり，あるいは減免税という租税歳出的な対応をするのか，そういう選択肢は考えられないのでしょうかという意見なのですが。

　たぶん先生は，消費税では難しい，したがって環境税で考えたい，ただし環境税もある意味では，これは消費課税的な側面があって，したがって中小業者あるいは消費者に対して非常に厳しい影響が出てくるということを最小限に抑えたいという趣旨で，こういうご提案をされたのではないかと思いますけれども，そのあたりはどのようにお考えなのかということをお聞きしたいと思います。

髙沢　鶴田先生，ありがとうございます。非常に大きな問題点なので，1つひとつ考えながらお答えしていきたいと思います。

　実は，このご質問については，2週間ほど前に関東会計研究会でもご質問があったところです。それを踏まえた上でお答えをしていきたいと思うのですが，まず不均一課税なのか，均一課税をイメージしていないのかというご指摘に対してですが，これは私のレジュメのまとめ方がよくなかったと思います。イメージ的には，やはり均一課税をイメージしています。そうすると，この文面等の書き方はよくなかったと反省しています。

　それでは，均一課税の中でさらにどのような形の課税を考えているのかというと，やはり超過累進課税をイメージしています。その上で補助金それから減免というものも選択肢として取り上げるべき

であると思います。

　CSR会計を導入する意図というのは，鶴田先生からご指摘していただきましたように，できるだけ弱者からは課税しない。消費税というのは結構公平なように見えていて，実は逆進性が問われています。そして，貧しい者に対しては重い税であるということも指摘されています。そのため，そういう人たちから課税するよりも，ある程度収益を上げている，利益を上げている企業から，一定規模の企業から取りたいという考えが前面に出てしまいまして，こういう表現になりました。

　ただし，関東会計研究会で指摘されたのはここからなのですが，その趣旨を踏まえて，大企業に対して，ETR（環境税制改革）を導入した場合に，大企業は多くの社会福利厚生費を計上してきて税金を全く払わない。あわよくば還付金まで取ろうと考える企業が続出するのではないかと懸念されます。そうすると，何の意味もないのではないかというご指摘もあり，確かにその通りだと思います。大企業が課税逃れを目的として社会保障費を莫大に計上してきた場合に，ETRというものは崩れてしまうと思いますので，そうすると中小との格差を広げないようにしながら，いかに課税していくのかということが今後の課題となると認識しています。

　3月に北野先生からお電話をいただいたときには，本大会ですね，学会ではなく。さっき間違えて言いましたけれども訂正させていただきます。「本大会を頼むぞ」と。幹事校なので，幹事校として本大会を頼むぞというのが最後のお言葉でした。先ほど富岡先生がお話しされましたが，そうすると幹事校を代表してご報告させていただく上で，消費税に替わるものとして何かないかと考えたときに，環境税しか思い浮かびませんでした。これは，私が税務会計等の分野に属しており，長年，富岡幸雄先生のご研究を追いかけてきたというところがあるためなのかもしれないのですが，ほかの税法学からのアプローチということがなかなか思いつきませんでした。それで環境税というのは，安易な考え方だったのかもしれないのですが，環境税というものを考えました。そのときにETRというのが非常に目新しかったということもありまして，EU全体を調べることなく，ドイツだけの先行事例だったのですが，これが使えるのではないだろうかと考えて提案いたしました。

　最後にまとめますと，不均一課税ではなく，均一課税で超過累進税制をイメージしていて，補助金であるとか助成金，減免などについても検討すべきものであると考えております。

司会（梅原）　鶴田先生，よろしいでしょうか。ありがとうございました。続きまして，吉田先生，お願いします。

吉田展洋（生蘭高等専修学校）　吉田展洋と申します。現在は，神奈川県綾瀬市にあります生蘭高等専修学校で高校の教員をしております。高沢先生から本日お

I　シンポジウム　市民公益税制の検討

招きいただきまして本学会に参加させていただきました。ありがとうございました。

　環境税の導入ということですが、今の社会におけるエネルギー問題は、化石燃料に依存しているのが現状です。化石燃料の使用によってどうしても二酸化炭素が排出されてしまうため、環境税を導入することによって企業の成長が鈍ってしまうことが懸念されます。また、新しい商品やサービスが生まれたとしても、商品などの価格が上昇して、結果的に一般市民が税負担をこうむるのではないかと思い質問しました。よろしくお願いします。

髙沢　吉田先生、ご質問ありがとうございました。以前、髙沢会計事務所で働いていただいた先生ですので大変懐かしく、ありがとうございます。

　今の先生のご質問への回答ですが、代替燃料として何がよいのかというのは正直なところわからないです。炭素税を中心として課税をすると製造業の生産量が減少することになり、そうした場合、結果的に商品価格が値上がって一般市民が迷惑をこうむるのではないかというご質問だと思います。確かにそれも一理あると思います。ただし、今回の趣旨というのは、あくまでも現在の政治の流れの中で、国際的なグローバルスタンダードにおいても、民主党が行おうとしている政策提言においても、環境税導入というのは1つの潮流になっています。その環境税導入の中でCO_2の削減をいかに行っていくかということがテーマになりますので、その趣旨から考えました。そのため、代替燃料についてというところまでは正直思い浮かびませんでした。これは税務会計の範疇から外れてしまうのですが、代替燃料で、できるだけ環境にやさしいものとなれば、やはり水資源とかになってくると思いますが、そこは完全に私の専門外の分野ですので何ともお答えしようがなくて、そこまで考えないで、あくまでもCO_2削減というのが現在の政治の潮流なので、その中で環境税を導入することによって、どのような効果、メリットがあるのかという視点から報告させていただきました。

吉田　ありがとうございました。

司会（梅原）　後藤先生からは環境税についての質問も出ております。後藤先生、お願いします。

後藤　質問というほどでもないのですけれども、まず最初は、私の聞き違いだったら申し訳ないのですけれども、ヨーロッパで環境税を導入して雇用が増えたとおっしゃっていたのですけれども、実は、環境税を導入したから雇用が増えたわけではなくて、社会保険の雇用主負担を減らすとか、ほかの政策の影響で、「二重の配当」と呼ばれていますけれども、そういうことで雇用が増えたというふうに一般的に言われていると思うのですけれども、そこはどうでしょうか。環境税を導入したからといって雇用が増えるわけではないと思うのですけれども、いかがでしょうか。

2番目は，鶴田先生の質問と重なるのですけれども，環境税に優遇税率を導入する根拠は何ですかとお聞きしたかったのですけれども，先ほど少しお話しいただいて，累進でやるとか減免もするとか，補助金とかというふうに言われてしまうと，そもそも，では環境税を課税する根拠というのは租税論上何ですかということが非常に気になってしまったということです。

髙沢 後藤先生ありがとうございます。非常に難しいご質問なので，どうお答えしようかと思っているのですが，まず二重の配当ではないかというご指摘なのですが，これは私の説明がよくなかったと思うのですが，ETRだけが雇用の促進につながったとは思っておりません。先生からご指摘があったように，いろいろなものが複合的に重なり合った結果として雇用の増大につながった。その中の1つの要因としてETRもあったのではないかと思います。ただし，それはあくまでも主的なものではなく，従的な，補完的な存在であると認識しております。これを，まず1点目のお答えとさせていただきます。

2点目ですが，これの根拠はと言われたときに，現状では根拠はちょっと考えつかないです。あくまでも試案というふうにお考えいただいて，こういうようなアプローチはいかがでしょうかということです。仮説がなければ研究は先へ進まないと思いますので，こういうアプローチはいかがでしょうかという考え方に立脚して，次に租税根拠を考えていくべきだと思いました。しかし，私自身が財政学の専門家ではないので，そのアプローチの方法自体が間違っていたらお許しいただきたいと思います。

以上でございます。ありがとうございました。

司会（梅原） 髙沢先生に出された質問状は以上のとおりですけれども，会場から髙沢先生のご報告に対して質問があれば，どうぞ遠慮なく挙手をしてください。よろしいでしょうか。

では，最後に石村先生への質問に行きたいと思います。

3　石村報告について

司会（浪花健三） それでは，石村先生には3名の会員から質問をいただいております。まず，最初は鶴田会員からお願いいたします。

鶴田 関西大学の鶴田です。石村先生の先ほどのご説明は，時間内にはなかなか難しいぐらいにたくさんの内容で，非常に広範な学説をサーベイされた上で，現代的な寄附税制の根拠をどこに求めるかということでまとめられようとされたご研究だと思います。大変参考になりましたけれども，2つほどご質問をさせていただきたいと思うのです。

1点目は寄附税制の根拠を，いろいろな学説を踏まえた上で展開されるということで，たぶん，先生が根拠として考えられているのは現代的正義論の立場か

ら，それをいわば発展させてということではないかと思うのですが，ひょっとしたら私の理解が間違っているのかもしれませんけれども，その中では，例えばリバタリアニズムもあれば，あるいはセンのような議論もあれば，共同体論もあるということで，そういう現代的正義論の中でもまた対立するような流れがある中で，先生独自の根拠として主張されたいのは一体どういう方向なのか，ぜひお聞きしたいというのが1点目です。

　もう1点は，課税除外といいますか，寄附税制を認める場合の判断主体というのでしょうか，要するに公益性を認めたとして，一律に，いわば課税除外を認めるわけではない。そうすると，公益性の上に，さらに公益の増進というモーメントが必要だというふうに言われているのではないかと思うのですが，だとすると，そのモーメントを一体どの時点でどういう主体が認定するのかという点についてどう考えておられるのか。といいますのは，「新しい公共」という議論は，一方では小さな政府論と結びついて，下手をすると公共部門の縮小を合理化するというのでしょうか，そういう恐れがなきにしもあらずです。ですから，いわば官から民へという悪い例になりかねないようなところを，一体どこで歯止めをかけながら認定をしていくのかという，そのあたりの基準なり内容なりをもう少し教えていただければと思います。

石村　鶴田先生，どうもありがとうございました。私自身が古い世代ですので，どちらかというと先ほど言ったサリーについて勉強した世代なのです。ですから，いわゆる tax expenditures，租税支出，租税歳出論の中で公益性の問題について，公益法人税制についてずっと研究してきたのです。たまたま今回市民公益税制について発表して欲しいということで，いろいろやってみると私の時代とは違う。価値相対論とかそういうものが脇に行ってしまって，いまや正義論が主流です。

　私は公共哲学とか，わけのわからないものは不得手なのです。実定法の研究者ですから，税を法律論に基づいて解明するのが大好きです。授業もほとんど法律論をやっていますから，ここへ来て「公益」とか何かファジーなものはつかみ難いところがあります。しかし，はじめてみると，アメリカでは「正義論」Theories of Justice が時流で，それに沿った議論があるということをきちんと認識しておかないといけない，と悟ったわけです。言い換えると，以前の租税歳出論の議論だけでは時代遅れだということを悟ったわけです。これが今回の発表に結びつきました。

　それから，公益性の判断主体をどこに求めるかという質問がありました。これに関連しては，まず，「公益」と「公共」とは，どこが違うのかということも問われます。私ども税法を勉強している者にとっては，法人税法の考え方に従って，公共法人（法人税法別表1）は収益事業をやっても課税されない一方で，公益法

4　討論　市民公益税制の検討

人（法人税法別表2）は収益事業をやれば課税になるのだと、公益と公共は、自分の頭の中では区別できています。しかし、この学会でのファジーな議論を聞いていますと、公共と公益との区別は気にしない、といった雰囲気です。以前、日本財政法学会でも、行政事務、公共事業の民営化についてテーマに取り上げたときにも同じような問題があったように記憶しています。あのときは、——しようがないから、「民」と「公」の言葉を使おう、北野先生が、「公の業務の私化」いうタイトルをつけました。税理士は「公共の利益」に資する職責を担う職業人だと言う人もいます。となると、しかし、税理士会は、公共法人ではなく公益法人等です。

それから、英語の「パブリック・インタレスト」と「パブリック・ベネフィット」も、皆さんファジーに使いますが、それぞれの違いも問われてきます。しかし、厳密に言うと、双方の言葉の意味は異なります。この点は、イギリスにおける近年のチャリティ（公益団体）制度改革に学ぶことができるのではないかと思います。この改革では、チャリティ（公益団体）は、公益（パブリック・インタレスト）を目的としているというだけでは公益団体として登録認定しないとしました。実際に公益の増進活動（ブリック・ベネフィット）をしなければだめだというふうに改めています。この点は、我が国でも、公益法人は、特定公益増進（特増）法人の認定を受けられて初めて寄附金控除・損金算入の対象となる寄附金の受入れの認定が行われるわけです。なかなか私どもの頭にはぴんとこなかったのですが、イギリスなどの改革を見てみると、公益を目的とするだけではなくて、公益の増進活動をやっている、つまりパブリック・ベネフィットがあって初めて寄附金控除・損金算入の対象となる寄附金の受入れができる公益法人になれるという論理が分かるのではないかと思います。

ここで、次に、だれが「公益の増進活動（ブリック・ベネフィット）」を評価するのかということになるわけです。例えばイギリスの場合はチャリティ・コミッション、一種の独立行政機関なのですけれども、そこが判断して課税庁は直接判断しないことになっています。しかし、現実には、チャリティ・コミッションが、課税庁（HMRC）とタイアップして判断しています。

わが国の場合は、今般の新公益法人制度・税制により、公益の認定あるいは公益増進活動の判断は、イギリスのチャリティ・コミッションにまねて、第三者機関が基本的に行う形になりました。つまり、公益認定等については、国の場合は総理府に置かれた公益認定等委員会あるいは都道府県の同種の委員会が行っています。公益認定等については、課税庁が直接行っていません。ただ、一口に課税除外と言っても、先ほどから申し上げているように、免税制度になっている場合と、当然に課税除外になる非課税制度に

なっている場合があります。例えばNPO法人などは特定非営利活動法人法に基づいて内閣府あるいは都道府県知事から認証を得て法人格を取得すれば，これで当然に本来の事業（特定非営利活動）は非課税になるわけです。ですから，課税庁が直接NPO法人の行う特定非営利活動の増進の評価にかんでいるとは言えません。

このように，実定法を基礎にして，公益法人，NPO法人などを精査しますと，公益あるいは公益を含む非営利の増進を誰が評価しているのかについては，それぞれの法人法によって違うというのが現実ではないかと思います。誰が非営利性あるいは公益性，さらにはその増進度合をどの機関が評価すべきは，場合によっては法人の性質によると思います。例えば宗教法人も免税制度にしたりすると，今度は免税事業となる宗教活動あるいは宗教活動の増進について，課税庁ないし第三者機関の介入を許すことにもなりかねません。場合によっては，「宗教」に値するかどうかを国家権力が判断する仕組みにもつながりかねません。戦前の靖国神社とか，国家神道とかの問題もあり，公認宗教制への呼び水になる恐れもあるわけです。

憲法で信教の自由を制度的に保障したわが国において，そもそも宗教活動の公益性などは問うてはいけないことです。ただ，宗教活動をしている法人（宗教法人）の公益性があるかどうかについては，これを判断することは許されると思いま す。この場合，宗教法人法に基づいてガバナンス・デスクロージャー・アカウンタビリティを確保した上で法人運営が行われているかどうかが公益性の判断の基準となるといえます。

このように，非営利性を含む公益性あるいはその増進性をどこが判断すべきか，さらには免税制か非課税制かは，法人の類型により違ってくると言えます。

回答になっているかどうか分かりませんけれども，先生に対するお答えでございます。

司会（浪花） よろしいでしょうか。それでは，次は武石会員です。

武石鉄昭（税理士） 税理士の武石です。なにとぞよろしくお願いいたします。

私事ですが，本年12月に小著を出版させていただきました。その書の中で，租税正義論についてほんのわずか触れております。本日，先生がご指摘されましたアメリカの市民公益税制は，日本のこれからの租税正義論に重大なご提言をされております。

租税正義論の展開について，先生のご意見を賜りたいと思います。

正義の観念は，国家の観点からアリストテレス以来，平均的正義と配分的正義が存在したといわれております。周知のごとく平均的正義論は，個人の能力に関係なく各人を平均的に取り扱うという考え方と思われます。これに対して配分的正義は，その人の能力に応じて各人を取り扱うという考え方であります。したがって，配分的正義は，税法学の応能負

担原則に合致するものであります。先生が今回，アメリカの配分的正義論が従来の功利主義的正義論に矛盾を生じてきたためにこれらを是正するために，ロールズの正義論などが税法学に多角的な研究がなされているのではないかとご指摘していただいたと思っております。

しかし，アメリカは，先生もご承知の通り自己責任原則が貫徹している国家であります。オバマ政権の提案する医療制度改革法案が議会で相次いで反対にあい，法案の通過に支障をきたした事実は，アメリカの配分的正義論が税制面からいままで培われてきたアメリカの自己責任原則に風穴をあけることになるのではなかろうかと思います。

配分的正義を是正する最高法規たるアメリカ憲法の観点からなのか，それとも国民の逼迫した生活の実態を考慮してのことなのか。

先生にお伺いしたいことは，今，アメリカで正義の考え方から，税に対する考え方が問われている背景，これがアメリカの税制そのものを根本的に変革する要因が生じてくるのか。アメリカの自己責任原則と配分的正義論と憲法との関連性，第2は，アメリカの正義論に対する考え方が，日本の税法学に与える影響，これからの展開をご教示願えればありがたいと思います。なにとぞよろしくお願いいたします。

石村 先ほどから申し上げているように，公共経済学とか公共政策学とか公共哲学とか，私にはよく分からないのです。

先般，本務校で憲法とか法哲学の教員と話してみました。私たちの時代は，マルクスとか唯物論も勉強したのですが，今まったく違っていました。担当教員は「正義論」を教えていました。私は海外のロースクールで勉強していたときに「正義論（Theories of Justice）」の授業をとりました。30年以上前のことです。ジュリアス・ストーンという世界的にも著名な先生でした。価値相対論が華やかな頃でしたから，ノージックとか，ロールズとか，そういった人たちはその当時時流ではなかったと思います。その頃に比べますと，法学部の法哲学はもちろんのこと，税法学，もう少し正確に言えば租税政策学でしょうか，の世界にも正義論が浸透してきています。

端的に言えば，リバタリアンのような正義論に基づくと，できるだけ，もうとにかく累進課税はするなとか，それから福祉を増大させるなとかという考え方になるのではないかと思います。たぶん，オバマ政権が誕生する前の政権は，ノージック的と言えますか，リバタリアン的な色合いの濃い租税政策をとっていたと思います。ただ，オバマ政権がロールズ的な分配的正義論に根差した租税政策を実践しているのかどうかは定かではありません。アメリカは，伝統的に「結果の平等」よりも「機会の平等」を重く見る傾向があります。したがって，ロールズ的と見るべきなのかどうかも定かではありません。また，最近は，サンデルのような正義論者が日本に来て，コミュニ

ティ論なんて，昔の家族主義みたいなことを言い出すと，私にはこれもわけが分からないというのが本音です。一番危惧するのは，日本人はそういう議論を勝手に自分たちで和風に味付けをしてしまうことです。給付つき税額控除のような仕組みがいいとなると，今度は所得の把握を家族単位にしなければいけないとか，そういう議論が出てきます。課税単位は個人というのが定説なのですが。それが，サンデルなどが言うコミュニティ論を媒介として展開され出したりする恐れがあるわけです。

　ただ，正義論の流れが強くなってきますと，どうしても若い人たちは飛びつきますから，この流れはずっと続いていくのだろうと思います。とりわけ公財政や公共政策とかの研究者はアメリカに弱いですから。こう見ると，累進課税のあり方とか，さっき言った給付つき税額控除のあり方とか，さらには寄附金税制のあり方などは，正義論を無視しては議論が展開しにくくなるのではないかと思います。私はあまり長くないので，この流れのぬかるみにべったり浸かることはないと思いますけれども，しかし流れはこういう方向にシフトしてきていると感じております。

　答えになっているかどうか分かりませんけれども，以上でございます。

司会（浪花）　それでは，最後でございますが，後藤さんから質問が出ております。

後藤　質問に入る前に，先ほどの特定公益増進団体とかパブリック・インタレストで公益とかいう話が出ていたのですが，少しだけ申し上げたいのですけれども，私が前にアメリカとオランダと日本の寄附税制の比較をオランダ人と一緒にやったときに，制度が違うので共通理解に至るのがすごく難しくて，オランダはこうである，アメリカはこうである，日本はこうであると言っただけではとても研究にならないということで，税制の比較は簡単なのですけれども，公益団体の比較をする枠組みは何かないかと探していたときに，アメリカ人のシモンという人が論文を書いていて，リングで表現していたのです。

　一番真ん中のリングというのがパブリック・ベネフィットで，石村先生のアメリカの資料の5ページにある公益増進団体というのは一番真ん中のリングに入るのですけれども，真ん中に行くほど税制優遇をされている。つまり，寄附をしたとき優遇がされるという，公益性が大きいとみなされているのだと思います。外側へ行くほど税制優遇がされないパブリック・インタレストという領域に入っていくのだと思います。

　そこでいくと，アメリカの場合は公益増進団体というのがパブリック・ベネフィットで，私立財団というのはパブリック・インタレストになって，助成型になればなるほど寄附への税制優遇が受けられないというふうになって，リングで考えるといいということが分かったのです。

それを日本に当てはめたところ，ぴたっと当てはまったのです。しかも，日本の場合は真ん中に行くほど政府の規制が強く働く。ここがまたアメリカと違うところだったのですけれども，日本の場合は真ん中ほど税制優遇が受けられ，特定公益増進法人という名前がついていて，政府規制が非常に強い。だから，規制すれば規制をするほど税制優遇もされるという構造になっていることがすごくよく分かったのです。

ところが，オランダは1つのリングしかなかったのです。だから，彼女は「リングで理解するのはナンセンスだ」と最初に言い張るから，「ええ？」と言ったら，オランダはNPOが1種類しかない，だからパブリック・ベネフィットもパブリック・インタレストも同じだということが分かりまして，それでやっと糸がほぐれたという経験がありますので，おそらくベネフィットとインタレストと英語でいくとすれば，公益増進団体と私立財団との違いのようなことを意味し，かつ，ベネフィットの方が税制優遇を受けられるのはロジカルなのかなと思います。

私の質問ですけれども，社会全体の便益という観点と，それが功利主義になるわけですけれども，それと分配の正義みたいなことで少し論点が変わってきているというお話だったのですけれども，実は80年代も分配の観点から寄附税制について分析している論文はたくさん出ていて，私の領域でさえも，つまり文化団体に対する寄附の分野でさえも，だれが意思決定をし，だれが支払い，だれが便益を受けているのかというwho decide, who pay, who benefitというふうな議論を展開していまして，それをまた経済学者ですから，数量的に所得階層のどのあたりの人たちが幾らぐらい寄附をしていて，それによって寄附控除が受けられて得をしているのはだれかという分析をしています。そういう分析と，先生が今回新しい傾向と言われた分配の正義論による寄附税制においての分配論というのはどこが違うのか，どこが新しいのかを教えていただきたいというのが質問です。

石村 正義論者で，税法に特化した形での研究は極めて限られています。このことから，税法学者がノージックとかロールズの正義論を引き合いに出して推論を展開しているというのが現実です。公益寄附金制度そのものは，例えば所得控除方式でやるのか税額控除方式でやるのかの政策的な選択があります。税金を払う途は2つあり，1つは，国家へ直接支払う形です。もう1つは，納税者が選んだ公益団体へ寄附金を支出し，その支出額に対して一定の寄附金控除・損金算入を認める形です。寄附金控除の仕組みは，元来，納税者へ後者の途を確保する仕組みです。また，高額所得者にどんどん寄附させ，そのための税制上のインセンティブを設けるべきとする考え方に従うと，制度としては所得控除の方が正鵠を射ていると思います。つまり大口寄附を奨励する制度を設けることです。ノー

ジックは、この点について特に言及していません。ただ、税法学者の中には、所得控除方式は、ノージック的ではないかとの見方はあります。税額控除方式では、所得控除方式に比べると、大口寄附者にはデスインセンティブに作用しますから。アメリカは、これまで連邦公益寄附金税制に所得控除方式を採用してきています。もちろん、わが国の民主党がとっているように、税額控除方式で数多く小口寄附を奨励する政策の選択もあり得ます。加えて、例えば私のレジュメの後ろの方にありますように、アメリカの州レベルでは、「タックス・チェックオフ」制度を広く導入しています。ある特定のプログラムに対して寄附をして、州により制度は異なりますが、寄附金控除を受けられる仕組みを取り入れている州もあります。日本で言う受配者指定寄附金のような仕組みでやっているわけです。こうした仕組みが、どのような正義論に源流を持つのかについては、アメリカの税法学者の間でも見方が錯綜しています。

それから、先ほどから言っておりますように、実定法を専攻している者は、正直、数字に弱いわけです。大学へ行けば朝から晩まで学生に裁決や判例はどういう解釈をとっているかを教えています。また、本日、私は、数量的にどの階層が寄附金を支出しているのかについては、手元に資料を持ちあわせておりません。経済学専攻の方から見ますと、数量的に精査しないで法律学専攻者の言うことは正確性に欠けると取られるかも知れません。逆に、私は、経済系の研究者が実定法も何も分からないで、パーとやられるから恐ろしいなと思ったりもします。

例えば先ほどの国際的な公益寄附金税制などについても、グローバルタックス論のような抽象論ではなく、二国間条約がどうなっているかとか、条約の規定でどうなっているかとか、それから多数国間条約というのはどういう形で現在存在するかとか、個々の条約そのものを見て勝負するという世界に身を置いています。学問系統の違いがあって、後藤先生などは私の発表内容に違和感を持ったかな、とも感じております。

本日の「市民公益税制」の課題についても、租税理論学会のような学際的な研究組織が、お互いを補いながら研究を進めることで成熟した成果を得ることができると考えております。以上です。

司会(浪花) ありがとうございます。

会員の皆さんのご協力を得まして、時間通りに終了いたしました。ご報告の先生方、お疲れさまでした。どうもありがとうございました。(拍手)

Ⅱ　意見書

税制調査会納税環境整備PT報告書に対する意見書

【理由附記版】

2010年12月24日

日本租税理論学会　納税者権利憲章問題検討委員会

はじめに

1　行政手続法の適用
2　租税確定手続について
　(1)　税務調査は事前通知を原則に
　(2)　調査理由開示の制度化を
　(3)　反面調査は制限すべき
　(4)　質問検査権に係る受忍義務の範囲拡大への懸念
　(5)　調査結果通知後の是正は更正等で
　(6)　申告是認を通知し再調査は禁止に
　(7)　納税者の負担の最小化
　(8)　調査対象年数の法定化
　(9)　税務調査の見える化
3　納税者権利救済手続について
　(1)　不利益処分を行う場合の理由附記
　(2)　更正の請求期間の延長
　(3)　不服申立て制度の改革
4　徴収手続における納税者の権利保障
5　その他の納税者権利保障措置
　(1)　国税庁組織の独立性・透明性・説明責任の確保
　(2)　納税者権利擁護制度の確立
　(3)　税務職員に対するノルマの禁止と公平な人事評価制度の確立
　(4)　「誠実性推定の原則」明定化の必要性
　(5)　法律に根拠を置いた納税者保護手続の必要性
6　政府の納税者番号制度導入案への懸念

むすび

【資料】日本租税理論学会　納税者権利憲章問題検討委員会

はじめに

　政府は，2009年12月の税制改正大綱において，「納税者権利憲章（仮称）」の制定を決定し，その後税制調査会において議論を行ってきたが，2010年11月25日の税制調査会全体会議に提出された「納税環境整備PT報告書」（以下「PT報告書」という。PT報告書の内容は，2010年12月16日に閣議決定された2011年度税制改正大綱に盛られた。）により，その具体化を図るとしている。納税者権利憲章制定は，長期に及ぶ国民・納税者による運動と学界における議論の到達点を反映している。同時に，諸外国における納税者権利憲章や納税者権利保障法の制定が国際的に顕著な傾向となっていることを背景としている。

　国民・納税者が納税者権利憲章の制定を求めたのは，第一線の税務行政に憲法の保障する租税法律主義（租税条例主義）や適正手続き保障などの原則を真摯に反映して欲しい，恣意的な課税権限の行使を統制するために租税手続の適正化・透明化に向けた法制化をして欲しいというのが理由である。言い換えると，納税者と課税庁とが対等な立場であることを明確にし，納税者サービス（カスタマーサービス・お客様サービス）の原点に立った課税庁の権限行使の仕組みやそれを担保する法制を，政府と国民・納税者が一体となってつくり上げようということにある。

　ところが，政府においては，納税者権利憲章制定の課題を「納税環境整備」の一環としてとりあげてきたためか，PT報告書は「納税者の権利・義務をバランスよく記載すべき」とするなど，納税者に対する新たな義務の体系化と課税庁の権限の強化策が表明されるものとなっており，きわめて不適切な内容であることに，率直に危惧の念を表明する。

Ⅱ 意見書

記

1 行政手続法の適用

国税通則法第74条の2は，一般法である行政手続法の規定の多くを適用除外としている。租税行政に関しても，原則として行政手続法を適用し，同条は廃止すべきである。

【理由】
行政手続に関する一般法である行政手続法を租税行政には原則として適用しないとしているが，納税者の権利保護を徹底しようとする以上，原則適用に変更すべきである。

2 租税確定手続について

(1) 税務調査は事前通知を原則に
PT報告書が税務調査の事前通知の明確化・法制化を図るとしたのは重要である。事前通知の明文規定を置き，その通知は文書で一定期間前に行うべきことを課税庁に義務付け，変更可能なものとすべきである。事前通知に例外を認めるとしても，通達ではなく法律に典型的支障例を限定列挙して要件の明確化を図るべきである。また，事前通知に当たって，代理人がいない場合はその選任ができる旨のお知らせを義務付けるべきである。

【理由】
PT報告書が，税務調査の事前通知の明確化・法制化を図るとしたのは重要である。しかし，通知不要を広く認める例外規定を置いてはその趣旨に反する。また，国税庁課税部の配下にある「資料調査課」，通称で「料調」「リョウチョ

ウ」が行う調査のあり方が問われている。いわゆる「料調方式」と呼ばれる税務調査の法的性格は，任意調査と解されている。しかし，たびたび手荒な現況調査の手法が用いられ，かねてから任意調査の法的限界を超えているのではないかとの批判がある。したがって，税務調査の事前通知の明確化・法制化に当たっては，料調方式のあり方やその調査手続き等の法的限界についても明定される必要がある。

さらに，例えば，アメリカ・ケンタッキー州の納税者権利章典（Kentucky Taxpayer Bill of Rights・2005）では，納税者である「あなたは，歳入省と審問ないし協議を進める場合に，あなたが認めた代理人（弁護士，会計士，登録税務士等）に代理してもらう権利を有しています。あなたは，審問ないし協議に先立ち，この権利の告知を受ける権利を有しています。」とうたっており，典拠となる。

(2) 調査理由開示の制度化を

PT報告書は，調査理由の開示については触れておらず，事前通知の内容として「調査の目的」を記載することとしているにとどまる。調査理由の開示は，課税庁の権限濫用を抑制することが期待できるものでなければならないから，納税者が税務調査の必要性を判断できる程度の合理的理由を示すことを義務付けるべきである。

【理由】

PT報告書は，調査理由の開示については触れておらず，事前通知の内容として「調査の目的」を記載することとしている。しかし，これでは，事前通知を制度化する意味が十分に反映しているとはいえない。

(3) 反面調査は制限すべき

納税者本人の調査を行う前の反面調査は禁止し，本人調査による資料収集が不十分な場合に限定する規定を置くべきである。したがって，反面調査を行う場合は，反面先への事前通知はもとより，反面調査先の一覧を求める権利を納税者本人に保障すべきである。

【理由】

アメリカの課税庁は税務調査の透明化を積極的に推進している。例えば，内国歳入庁（IRS）が納税者の権利擁護の観点から納税者向けに出している「納税者としてのあなたの権利（Your Rights as a Taxpayer 2005)」では，次のように定めている。「通例，IRS は，あなたやあなたの正式に委任をうけた代理人と直接に折衝をします。しかし，わたしたちは，あなたが提供できなかった情報を必要とする場合やわたしたちが受け取った情報が正しいのかを確かめたい場合には，時おり，他の人たちと話し合いをもちます。例えば，隣人，銀行，雇用主ないし従業者のような人たちとの接触です。この場合，通例，これらの人たちに，あなたの氏名のような，限られた情報を知らせる必要があります。法律は，わたしたちが求めている情報やある情報の裏づけを取るに必要な範囲を超えてあなたの情報を開示することを禁じています。わたしたちは，あなたの事案に動きがある限り，他の人たちへの接触を続ける必要があります。わたしたちが他の人たちと接触している場合，あなたは，これら接触先の一覧を求める権利を有しています」。

反面調査は，反面調査先の時間的・精神的負担はもちろんのこと，納税者本人の信用問題や知る権利などにも深く絡む問題であり，安易に実施されてはならないものである。その法的限界を厳格に明定することに加えて，国民・納税者の権利保護の視点から，手続きの適正化・透明化を真摯に検討する必要がある。

(4) 質問検査権に係る受忍義務の範囲拡大への懸念

PT 報告書は，当該職員の質問検査権の範囲を拡大し，「質問」「検査」に加え，新たに「帳簿書類その他の物件（その写しを含む。）」の「提示」及び「提出」を求めることができることとするとしている。しかし，これは，課税庁の権限強化を企図するものであり，「提示」や「提出」といった不確定な文言を用いて納税者に新たな義務を課すのは不適切である。

【理由】

　現行法の質問検査権の対象には「帳簿書類その他の物件（その写しを含む。）」を含むとされており，当該（税務）職員は帳簿書類その他の物件を調査できることになっている。納税者に対してさらに，帳簿書類その他の物件の「提示」及び「提出」を義務付けることは，次のような新たな負担を納税者に発生させることが想定される。すなわち，「提示」の意味が不明確であるため，例えば，交際費のうち，交際費課税の対象外に当たる飲食費を提示するように求められた場合に，その提示が不十分とされた場合，その分について否認されることが考えられる。言い換えると，税務職員がその権限を行使すればできることを納税者の提示義務に置き替えて，調査の事務負担を納税者に転嫁することも想定される。また，「提出」の義務付けにより，例えば支店にある資料を本店に移動させるに当たり，その人件費，運搬費，機密保持費用等の負担を強いることなども想定される。

　実務上，納税者からその協力を得て任意に提出を受けた帳簿書類等を「預かる」ことが行われている。しかし，こうした実務を許容する意味において，「提示」「提出」を義務付けることは許されてはならない。また，税務職員が納税者の帳簿書類等を借用することについても，半ば強制につながることのないように法的に規制すべきである。

　北村事件判決（大阪高裁平成10年3月19日判決・判例タイムス1014号183頁）後，東京国税局が作成した「現況調査の心得七か条」の第6条に，「書類等の借用は，やむをえない場合など，必要最小限にする」の記述があるように，税務調査において通常は書類の借用を前提としていない。また，国税犯則取締法に基づくいわゆる査察における任意調査においても，質問・検査のほか「領置」が認められているのは，犯則事件の立証のためであり，しかも任意提出の物件に対して及ぶものである。一般の任意調査において，「提示」「提出」を義務付ける必要性は存しない。

　いずれにしろ，「提示」及び「提出」といった不確定な文言を用いて納税者の受忍義務の拡大をはかることは，憲法が要請する課税要件明確主義に反することはもとより，納税者の権利保護の面からみても重大な問題をはらんでいる。

(5) 調査結果通知後の是正は更正等で

　PT報告書は税務調査の結果通知を行うとするが，この通知は法律に根拠を置いてなされる必要がある。通知においては，課税庁の説明責任の明確化だけでは足りず，その法的効果が明瞭でなければならない。すなわち，調査結果（非違事項，金額，理由等）の確定，納税者の不服申立て等の権利の説明義務，再調査の禁止等が伴わなければならない。調査結果により是正が必要であれば，原則として更正・決定等の処分を行うこととすべきである。したがって，納税者の不服申立て等の権利を損なうことにつながる「修正申告等の勧奨を行うことができる」ことを法制化すべきではない。

【理由】

　PT報告書は税務調査については，その結果通知を行うことにするとしているが，これは当然のことであり，調査結果通知は法律に根拠をおいて制度化される必要がある。また，調査結果通知においては，課税庁の説明責任の明確化だけでは不十分である。すなわち，納税者が期限後申告書又は修正申告書を提出するかに関しては，納税者に選択の余地があるにしても，その旨の説明文書を交付するだけでは不十分であって，納税者の権利を保護することにはならない。調査結果（非違事項，金額，理由等）の確定，納税者の不服申立て等の権利の説明義務，再調査の禁止等が伴わなければならない。こうした中身のない調査結果通知制度を想定している背景には，調査終了時に修正申告等の慫慂（勧奨）の常態化を想定し，課税庁側の処分理由附記の負担軽減の思惑があるものと考えられる。調査結果通知後に，課税庁が修正申告等を慫慂できることを課税庁の権限として法定することは，納税者の不服申立て等の権利（争訟権）ひいては裁判を受ける権利（憲法32条）を侵害することにもつながるのは自明のところである。

　修正申告等の慫慂は，状況によっては，公務員の職権濫用罪（刑法193条）が成立するとの見解もある。公務員の職権濫用罪は，公務員としての身分がある者が，その職権を利用して相手方に義務のないことを強要した場合に成立するからである。また，修正申告の慫慂が職権濫用罪に当たるとされた場合には，

その職務の執行については公務執行妨害罪（刑法95条１項）の保護の対象にもならない。

　今般，処分等をするに当たっては広く詳細な理由附記の義務付けが検討されていることを踏まえれば，「修正申告等の勧奨」を課税庁の権限に加えることは方向性を見誤っており，申告納税制度の趣旨に反する。したがって，こうした権限を法制化すべきではない。

(6) 申告是認を通知し再調査は禁止に

　調査終了に際して当初申告が是認されるときは，明瞭な表現による「申告是認通知書」を交付すべきである。課税庁は，自らの調査結果を最終結論とすべきである。法的安定性からも，再調査は禁止されなければならない。

【理由】

　PT報告書は，「更正・決定等すべきと認められない場合」において，「納税者に対して『その時点で更正・決定等をすべきと認められない』旨を記載した通知書」を交付するとする。しかし，そもそも税務調査は納税者の申告に対する何らかの疑念・疑問に基づいて選定されるのである。このことから，調査終了に際して当初申告が是認されるべきときは，「申告是認通知書」を交付すべきである。しかも，「その時点で」と時限付の文書を交付するとしているのは，再調査の道を確保する狙いがあるものと考えられる。しかし，課税庁は税務調査に当たっては，当該職員に最新の知見と調査技術を与え，法に基づき公正で適正な調査を実現に努力すべきであり，その調査結果を最終結論とすべきである。このことは，法的安定性確保の視点からも要請されるところである。

(7) 納税者の負担の最小化

　課税庁は税務執行及びそれに伴う納税協力において納税者の負担が最小になるように努めるべき旨を明定すべきである。したがって，税務調査は合理的時間に実施され，かつ，合理的期間内に終了すべき義務を課税庁に課すべきである。また，例えば，税務調査において，課税庁に帰属すべき資料等の作成・複

写等に係る費用負担について，課税庁負担の原則を明定する必要がある。

【理由】

　PT報告書ではふれられていない課題である。税務調査は公権力の行使であるから，受忍義務を課す以上，費用的，時間的，さらには精神的にも納税者の負担が最小になるが必要である。例えば，カナダ歳入庁（CRA=Canada Revenue Agency）が納税者の権利擁護の観点から納税者向けに出している納税者権利章典（Taxpayer Bill of Rights 2009）では，小規模事業者への5つの公約（commitment to small business）をうたっている。その1つとして，CRAは「小規模事業者の納税協力の負担が最小になるように税務執行にあたる旨を公約する」とうたっており，典拠となる。

　すでにふれたように，PT報告書では，帳簿書類その他の物件の「提示」及び「提出」を義務付けるような方向性を示しており，現実のものになるとすれば，納税者に新たに過大な負担を発生させることが想定される。また，PT報告書では，課税庁への提出資料（法定調書）の電子データでの提出を義務付けるとしている。しかし，こうした義務化は問題であり，電子データによるか文書によるかは，納税者の選択にゆだねられる必要がある。なぜならば，小規模事業者，お年寄りや身体の不自由な人など電子行政サービスや手続に参加することに困難がある人たちに配慮し，デジタルデバイド（IT技術の恩恵を受けられる人とそうでない人との間に生まれる情報格差）問題に真摯に対応するのが国や地方自治体の最大の務めの1つと思われるからである。事実，オーストリアなど電子政府推進先進国と言われる多くの諸国でも，電子行政サービスや手続への参加を本人の自由な選択に委ねている。

　納税協力において納税者に過大な負担を負わせないようにするためにも，まさに，わが国でも「課税庁は納税協力において納税者の負担が最小になるように努めるべきである」旨を明定するように求められる。

(8)　調査対象年数の法定化

　現行法には，税務調査の遡及可能年数の定めがない。実務上は，更正・決定

の期間制限（除斥期間）にあわせて行われているが，更正の請求の期間の延長にかかわって，自動的に調査遡及年数が延長されることのないよう，一般の任意調査は3年を限度とするなど法律により制限すべきである。

【理由】

実務上は，更正・決定の期間制限（除斥期間）にあわせて税務調査が行われているが，更正の請求の期間の延長にかかわって，自動的に調査遡及年数が延長されることのないよう，一般の任意調査は法律により遡及制限をすべきである。そもそも国税通則法の期間制限の規定は，課税処分がいつまでもできることになっていては納税者の地位を著しく不安定にするので妥当ではないことから設けられているものである。

(9) 税務調査の見える化

わが国においても，納税者の権利保護のためには税務調査の見える化（可視化）は避けて通れない課題と思われるが，PT報告書では，何らふれるところがない。

【理由】

アメリカの内国歳入庁（IRS）発行の「納税者としてのあなたの権利」では，「あなたは，面談に立会人を同席させることができます。わたしたちIRSの調査官，不服申立て担当官もしくは徴収担当者との話し合いについてはすべて，音声録音をすることができます。ただし，わたしたちへの録音の申し出は，面談の10日前までに文書で行ってください。」とうたっている。また，例えば，アメリカ・ケンタッキー州の納税者権利章典（Kentucky Taxpayer Bill of Rights・2005）でも，納税者である「あなたは，歳入省とのあらゆる折衝，協議ないし審問を音声録音する権利を有しています。また，歳入省がその過程を録音することを計画している場合，あなたは，事前にその通知を受け，かつ，その記録のコピーを受け取る権利を有しています。」とうたっており，典拠となる。税務調査の見える化（可視化）については，わが国でも真摯に検討すべ

き課題である。

3 納税者権利救済手続について

(1) 不利益処分を行う場合の理由附記

PT報告書が、すべての処分について原則として理由附記を実施するとしたのは妥当である。行政手続法第14条1項は、不利益処分に際して、原則として、理由の提示を義務付けている。理由提示には、処分理由を知らせて名宛人に不服申立ての便宜を与える意義があるのであって、納税者の権利保障の観点からは、記帳・保存等の程度とリンクさせることがあってはならない。白色申告の所得金額300万円以下の零細な事業所得者等に対して記帳義務等を一般的に課すことは、その事業と生活の実情、事務負担や費用負担の増加をあわせて考慮し、慎重に検討すべきである。

なお、理由附記の程度については、課税庁の判断の慎重性、合理性を担保してその恣意を抑制するとともに、納税者が更正に対して十分に防御権を行使しうるべく、具体的でかつ納税者が理解できる程度に平易であることとすべきである。

【理由】

PT報告書が、すべての処分について原則として理由附記を実施するとしたのは、一般常識からみて妥当である。白色申告の所得金額300万円以下の零細な事業所得者等に対して記帳義務等を一般的に課すことの是非については、納税者の権利保護、権利拡充を議論するに際して検討すべきことではない。

(2) 更正の請求期間の延長

更正の請求は、法定申告期限から1年間に制限されてきたが、PT報告書はこれを5年に延長するとしているのは、納税者の権利拡充の観点から妥当である。しかし、これにあわせて増額更正の期間制限を3年から5年に延長させるとしているが、この3年の期間制限はシャウプ勧告以来のものであって、これ

が維持されてきたのは伸長させる理由が存しなかったからである。今日においても，5年に伸長させる理由はないから，調査の遡及年数とも関係する以上，これは3年を維持すべきである。なお，更正の請求書を故意に提出した場合の処罰規定を新設するのは，新たに未遂犯を創設するに等しく，租税刑罰法の強化という国民の生活と権利への規制を納税者の権利拡充の際に軽々しく論ずべきではない。

【理由】

この3年の期間制限はシャウプ勧告以来のものであって，これが維持されてきたのは伸長させる理由が存しなかったからである。今日においても，5年に伸長させる理由はない。また，この更正の請求とは別に，新たに無申告脱税犯と不正受還付未遂犯の創設も税制改正大綱に盛り込むとしている。しかし，これは平成21年度改正において見送られたものであり，新たな租税犯罪類型や処罰規定の創設については，慎重を期すべきである。行政主導で拙速に行うべきではなく，国民・納税者や税界からの十分な意見聴取，さらには立法府での十分な審査が必要である。

(3) 不服申立て制度の改革

PT報告書は，国税不服審判所の改革に関しては内閣府の行政救済制度検討チームの今後の議論に配慮し，検討課題として実施を先送りしている。

不服申立て前置主義についてはこれを廃止し，異議申立て，審査請求，または訴訟を提起するかは納税者の選択に委ねる制度とすべきである。また，国税不服審判所の組織改革について，PT報告書は国税不服審判官の外部登用を拡大するとしているが，これは現行法において任用資格が規定されており（国税通則法施行令第31条），民間からの任用の道が開かれていたのが生かされていなかったのであって，すぐにも実現可能である。国税不服審判所改革に必要なことは，課税庁から独立性を保障し，審判官に「行政官」（課税庁職員）を登用するのではなく，税理士などの職業専門家に加え，司法試験に合格した新任の「法曹」を多数登用し，審判官に育成していく発想である。

【理由】

　PT報告書は，国税不服審判所の改革に関しては内閣府の行政救済制度検討チームの来年以降本格化する議論の方向性に委ねようとしている。その上で，①不服申立期間の2月の期間制限を延長の方向，②証拠書類の閲覧・謄写の範囲については拡大する方向，③不服申立前置は2段階の現行制度を抜本的に見直す方向を示しているが，検討課題として実施を先送りしている。不服審判所の独立性に関しては，課税庁から独立した組織にするとともに，審判官に，税理士などの職業専門家に加え，司法試験に合格した新任の「法曹」を多数登用し，審判官に育成していく発想が必要である。

　ちなみに，イギリスの審判所制度改革では「法曹」を多数登用するかたちでこれを実施した。わが国において司法制度改革が行われ，法科大学院が数多く誕生し，法曹の就職先がないなどというが，発想の貧困も一因と思われる。

4　徴収手続における納税者の権利保障

　PT報告書がまったくふれていないのが，徴収手続における適正手続きの保障である。徴収行政実務においては徴収職員に広範な裁量が認められている。現行の国税徴収法制定時の議論の諒解として実務上の運用による「自制」が図られてきた経緯があるが，今日の経済財政状況を反映して，逸脱する事例が現れてきており限界がある。滞納処分における事前告知制度の法制化や財産調査に調査手続同様に事前通知等納税者の権利保障の措置が必要である。督促から差押にいたる期間の延長（現行10日）や徴収手続における聴聞・弁明手続の制度化，手続き的保障の不均衡の是正，あるいは徴収手続を納税者に平易に十分に説明する教示制度導入の検討等，慎重性，合理性，透明性を確保すべきである。

【理由】

　アメリカにおいて納税者の権利保護の必要が内国歳入庁（IRS）の組織改革にまで発展したのは，租税徴収における納税者の人権侵害が問題になったこと

が背景にある。わが国においても，地方税における「徴収問題」が報道されており，国税についても問題が表面化しつつある。国税徴収法が租税行政に強権を付与し，徴収職員に広範な裁量権が認められることに対する批判が存在する。調査手続同様に，徴収手続に関して納税者権利保護の徹底が図られる必要がある。

5 その他の納税者権利保障措置

(1) 国税庁組織の独立性・透明性・説明責任の確保

国税庁と社会保険庁を一体化し，租税公課や社会保障に係る現業部門を一体化すべきとの構想が明らかにされている。しかし，いたずらに中央集権化を推進することにもつながりかねず，与党の地域主権確立の政権公約（マニフェスト）にも抵触しかねない。国税当局の独立性を確保すべきである。また，一体化は，地方自治体との連携において検討される課題であるのにもかかわらず，国が一方的に進めているとの批判もある。また，国税庁は，組織の透明性を確保し，国民・納税者への説明責任を尽くせる組織に再構築されるべきである。

【理由】

課税庁の独立性確保は極めて重要な組織課題である。「福祉（社会保障）」と「税制」の一体化は，政策の失敗があれば政府の福祉部門と税制部門の全壊につながるおそれもあるとの指摘がある。危機管理の視点から，むしろ，双方は，融和すれども分離して置くことが望ましいとする意見がある。また，従来から第一線に福祉行政は地方自治体が担ってきているのにもかかわらず，地方自治体を含めた国民的な議論をしようという方向性が示されていない。さらに，課税庁の組織的独立性に加えて，国民・納税者本位の透明性の高い課税庁につくり上げるためには，内部及び外部からの監査，国会による審査，さらには国民・納税者が参加した形で課税庁チェックできる制度構築が求められる。

この点，イギリスやカナダ，オーストラリアをはじめとした先進諸国の課税庁は，納税者権利憲章が絵に描いた餅にならないように，行政評価の手法を取

り入れ，毎年，議会や国民・納税者に対して，お客さまサービスの努力目標値と達成率などを公表している。

例えば，カナダ歳入庁（CRA）が納税者向けに出している納税者権利章典（Taxpayer Bill of Rights 2009）では，納税者である「あなたは，カナダ歳入庁に対してサービス規準を公表し，かつ，年次報告書を公表するように期待する権利を有しています。」，「あなたは，カナダ歳入庁に対して説明責任を尽くすように期待する権利を有しています。」とうたっている。この規定に基づいて，CRAは，納税者サービス規準を公表し，かつ，その達成率を連邦議会へ報告し，国民・納税者に対する説明責任を尽くしている。

(2) **納税者権利擁護制度の確立**

納税者の権利を制度的に擁護するために，オンブズマンの導入など，税務行政を客観的にチェックする仕組みを構想すべきである。

【理由】

国税庁（定員5万6158人）は，2001年6月に「納税者支援調整官」制度を導入した。現在，67人以内の定員で調整官を，各国税局のほか全国31の税務署に配置しているが，明確な権限が与えられないまま苦情処理の業務を担ってきている。

わが国の仕組みを改革する場合，アメリカの納税者権利擁護官（NTA=National Taxpayer Advocate）制度が参考になる。連邦納税者権利擁護官（NTA）は，内国歳入庁（IRS）の組織内に置かれているが，苦情や問題が発生した場合に，納税者の立場にたって橋渡し役を演じるように期待されている。NTAは，内部に設けられた支援組織と納税者救済命令（TAO=Taxpayer Assistance Order）手続を使って，納税者の権利擁護にあたるように求められる。また，問題の対象となった部門への行政的ないし立法的な勧告をすることにより，納税者の権利擁護にあたるように求められる。連邦納税者権利擁護官（NTA）は，権利擁護オンブズマン（advocate ombudsmen）である。権利擁護オンブズマンは，独立し，公正に行動しかつ守秘義務を負う。連邦納税者権利擁護官（NTA）の使

命は,「IRS の中にありながら,独立した組織として IRS 内で苦情を処理することで納税者を支援し,かつ,そうした苦情を未然に防止できるように改善を勧告すること」にある。NTA は,各納税者の権利擁護サービスに加え,連邦議会に定期的に報告を行うことにより,全米すべての納税者に貢献することも使命としている。このため,NTA は,年 2 回報告書を作成し,連邦議会下院歳入委員会と上院歳入委員会へ報告書を提出している。約2200人が連邦納税者権利擁護官(NTA)事務局で働いており,IRS 職員総数の 2 ％を占める。連邦納税者権利擁護官(NTA)サービスは,無償,部外秘,個々の納税者が申し立てた苦情に応じて提供される仕組みになっている。①苦情の聴き取り,②苦情処理に必要な処理策の決定,③問題が解決にいたるまで権利擁護官がすべての手続に対応する,という仕組みになっている。NTA は年間約25万3000件 (2003年) の苦情を処理している。

(3) 税務職員に対するノルマの禁止と公平な人事評価制度の確立

　税務行政におけるノルマ追求と「適正・公平な課税の実現」の理念,「納税者手続上の権利保護」の実現の間には大きな隔たりがある。税務行政手続の適正化を図る一方で,税務職員の権利を護るために,ノルマの設定を禁じ,その達成率を基にした人事評価の仕組みを抜本的に見直し,公平な人事評価制度を構築する必要があるが,PT 報告書には,納税者の権利と税務職員の権利とを一体で捉える思考が欠けている。

【理由】

　税務行政が,納税者の財産権との間で軋轢を生むことを不可避としている以上,課税庁職員の仕事には常に大きな精神的負担がつきまとっている。現実の税務行政におけるノルマ追求と「適正・公平な課税の実現」の理念,「納税者手続き上の権利擁護」の実現の間には大きな矛盾がある。このことが,納税者の手続上の権利を尊重したうえで調査業務を遂行することを難しくし,納税者の信頼を損ねることになっていると考えられる現実がある。税務行政手続の適正化を図る一方で,税務職員の権利を護るためには,ノルマの設定やその達成

率を基にした人事評価を行わない仕組みに抜本的に見直す必要がある。

　ちなみに，アメリカの税務行政では，納税者の権利を護るねらいから税務職員に対するノルマ禁止を明確にしている。例えば，アメリカにおける租税手続改革のさきがけとなったアリゾナ州の納税者権利章典（Arizona Taxpayer Bill of Rights 1986）では，州「歳入省は，職員が徴収または賦課した税額をもとに勤務評定をしないこととする。」と定めている。また，ケンタッキー州の納税者権利章典（Kentucky Taxpayer Bill of Rights 2005）でも，納税者である「あなたは，州歳入省職員が，更正税額若しくは徴収税額，又は更正税額若しくは徴収税額の割当額若しくは達成率に基づいて，給与が査定されたり，勤務評定されたり，又は昇進することはないということを保障される権利を有しています。」と定めており，典拠となる。

　公平な人事評価制度の確立には，課税庁が定立した納税者サービス・お客様サービス規準の遵守度などが重視されるべきである。

(4)　「誠実性推定の原則」明定化の必要性

　納税者権利憲章の法制化に当たっては，納税者の権利保護を図る趣旨を明確にすべきである。あわせて「国民が納税に関して行った手続は，誠実に行われたものとして，これを尊重すること」とする誠実性推定の原則の規定を置くべきである。さらに，国民・納税者は課税庁から主権者・国民として公平・公正かつ丁重に遇される権利を有する旨が明定される必要がある。

【理由】

　「国民が納税に関して行った手続は，誠実に行われたものとして，これを尊重すること」との内容の規定を置き，誠実性推定の原則を明定すべきである。2002年7月12日に民主党・日本共産党・社民党の野党三党が共同提案した「税務行政における国民の権利利益の保護に資するための国税通則法の一部を改正する法律案」，いわゆる「国税通則法一部改正案」（廃案）には，「国税当局は，その職務の執行に当たっては，国民の権利利益の保護に常に配慮するとともに，国民が納税に関して行った手続は，誠実に行われたものとして，これを尊重す

ることを旨としなければならない。」(法4条の2第4項)と規定されていたことが想起される。

　誠実制推定の原則については，例えば，オーストラリア国税庁（ATO=Australian Taxation Office）が出している納税者憲章（Taxpayers' Charter 2010）では，「誠実性の推定（treating you as being honest）」原則をはっきりとうたっており，典拠となる。

　一方，国民・納税者が課税庁から丁重・公正な処遇を受ける権利については，例えば，アリゾナ州の納税者権利章典（Arizona Taxpayer Bill of Rights 1986）では，州「歳入省職員は，あなたを公正かつ丁重に扱います」とうたっている。同様に，カナダ歳入庁（CRA）の納税者権利章典（Taxpayer Bill of Rights 2009）でも，納税者である「あなたは，専門的に，丁重かつ公正に処遇される権利を有しています。」とうたっており，典拠となる。

　任意調査の法的限界を超えていると思われる手荒な調査が問題になることがある。課税庁による過度な権限行使を制御し納税者の権利を実効的に保障するには，国民・納税者が課税庁から丁重・公正な処遇を受ける権利を有する旨を明定することは，極めて重い意味を持つ。

(5)　法律に根拠を置いた納税者保護手続の必要性
　課税庁のサービスを納税者本位に変え，納税者が自発的な納税協力をし易い課税環境をつくり出すためにも，納税者権利保護の仕組みや手続については，事務運営方針や通達等ではなく，法律に根拠規定を置いて担保されるべきである。

【理由】
　国税庁は，特定の納税者から税法の適用・解釈や課税取扱いに関する個別の照会に対して文書で回答する仕組みとして，事前照会に対する文書回答手続(以下「事前照会文書回答手続」という。)を導入している。この手続が課税分野一般に対する導入が検討されるに至った契機は，2000年に当時の総務省行政監察局（現総務省行政評価局）が「税務行政監察結果報告書」の中で，「納税者が帳簿等

の具体的資料を提示してあらかじめ国税当局の見解を確認できる仕組みを整備するよう，その検討に着手すること」を勧告したことにある。

　この制度は，確かに課税関係について法的安定性や予測可能性を高め，申告納税制度の下での納税者の自発的納税協力を進めるためにも重い意味を持つ。ただ，わが国においては，こうした事前照会文書回答手続ないし事前確認手続を，国税庁自らが，あくまでも納税者サービスの一環と位置付け（言い換えると，納税者へ権利を付与するのではない趣旨を強調し），法律によるのではなく，国税庁の事務運営方針，言い換えると，法源性を欠く「通達」によって実施している。しかし，納税者の権利をしっかりと擁護するには，法的な根拠を有する手続とすべきである。すなわち，「法律による行政」のルールを尊重し，国会が関与する形でこうした手続を確立すべきである。

　今般の納税者権利保護の仕組みや手続の実現に当たっては，国民・納税者の権利を確固たるものとして擁護するためにも，事務運営方針や通達等ではなく，法律に根拠規定を置いて担保されなければならない。

6　政府の納税者番号制度導入案への懸念

　納税者番号制度は，納税者に重複しないかたちで番号を付け，「税の捕捉」が関係する雇用や金融取引，納税申告書や課税資料に番号をつけて課税庁に提出を求め，コンピュータで「名寄せ」し集約管理する仕組みをさす。多くの国々で採用する「納税者番号」の方式は，"納税者本人と課税庁のみが知りうるような性格の番号"である。したがって，仮に納税者番号が必要としても，新たな共通番号ではなく，現在税務署で付番する「納税者整理番号」を整備し，納税者の所轄税務署が変わっても番号が変わらないようにすれば，それで足りる。しかも，この方が情報セキュリティ上も安全である。

　ところが，政府やPT報告書が考えている個人用の納税者番号は，第三者にも見える（可視的な）番号で，"官民にまたがり，かつ，多分野で共用する"汎用の「共通番号」である。この場合は，その使い方次第では，個人情報や番号情報漏えいのリスクと隣り合わせの社会をつくることになりかねず，納番付情

番号を知りうる者の範囲

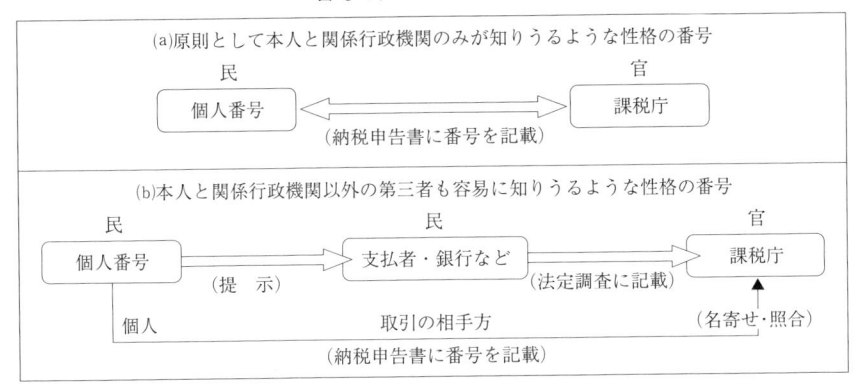

```
┌─────────────────────────────────────────────────────────────┐
│     (a)原則として本人と関係行政機関のみが知りうるような性格の番号     │
│       民                                    官              │
│    ┌──────┐                            ┌──────┐             │
│    │個人番号│ ←――――――――――――――――→ │課税庁│             │
│    └──────┘      (納税申告書に番号を記載)  └──────┘             │
├─────────────────────────────────────────────────────────────┤
│  (b)本人と関係行政機関以外の第三者も容易に知りうるような性格の番号   │
│    民               民                        官            │
│  ┌──────┐        ┌──────────────┐         ┌──────┐          │
│  │個人番号│ ――――→│支払者・銀行など│ ――――→ │課税庁│          │
│  └──────┘ (提 示) └──────────────┘(法定調査に記載)└──────┘   │
│     │                                      (名寄せ・照合) │
│   個人        取引の相手方                                  │
│            (納税申告書に番号を記載)                         │
└─────────────────────────────────────────────────────────────┘
```

報が各所に筒抜けになる危うさをはらむ。また，ネット取引全盛の今日，ネット空間にマスターキー（納税者番号＝共通番号）付個人情報の垂れ流しは避けられず，成りすまし犯罪者が闊歩する社会の構築につながるおそれが極めて強い。共通番号を可視化（見える化）し一般に公開して納税者番号に使うべきでない。

【理由】

　納税者番号制度は，納税者に重複しないかたちで番号を付け，「税の捕捉」が関係する雇用や金融取引，納税申告書や課税資料に番号をつけて課税庁に提出を求め，コンピュータで「名寄せ」し集約管理する仕組みを指す。大きく，①個人や事業者などすべての納税者に課税庁が付番する方式と，②個人には共通番号，事業者（雇用主）などには課税庁が付番する方式がある。わが国の場合，後者②が最有力候補である。

　個人の納税者番号は，番号を知りうる者の範囲を基準に考えた場合，上記のように，大きく(a)(b)２つのタイプが考えられる。

　共通番号を，個人用の納税者番号として使うとなると，所得（収入）が発生するあらゆる場面で提示が求められることになる。すなわち，共通番号は官民にまたがり，かつ他分野で共用する汎用（多目的利用）の番号となる。また，共通番号（＝納税者番号）は可視化（見える化）して一般に公開して使わざるを得なくなり，納税者番号付き情報が現実空間はもちろんのことネット空間（電

脳空間）を含め，社会の隅々にまで「垂れ流し」となることは避けられない。共通番号を可視（見える）化し一般に公開し納税者番号などに汎用することは，成りすまし犯罪の誘発に手を貸すに等しいことは自明である。

　近年，住基ネットにおける住民票コードが格納された住基カードの成りすまし申請取得や濫用が散見される。しかし，住民票コードがなりすまし犯罪に使われたとの報告事例はない。これは，住民票コードが，原則として(a)本人と行政機関のみが知りうるような性格の番号だからである。「納税者番号」についても，多くの国々で採用する方式は，"納税者本人と課税庁のみが知りうるような性格の番号"である。つまり，わが国の税務署が付番する現行の「納税者整理番号」的な性格のものである。ところが，政府が考えている個人用の「納番」は，見える（可視的）し一般に公開して使う番号，"官民にまたがり，かつ，多分野で共用する"汎用の「共通番号」である。このような共通番号は，確実に他人の番号自体を不正使用した成りすまし犯罪の多発につながる。

　また，住民票コードは，一般に公開されていないだけでなく，可変式で本人の申請で何度でも変更を求めることができる。可変式であれば国民・住民は成りすまし犯罪等への対応が容易になり，共通番号の民間利用にはブレーキがかかるのであるが，PT報告書は，意図的にこうした問題に触れることを回避している。

　アメリカにおいては，共通番号である可視的な社会保障番号（SSN=Social Security Number）を個人用の納税者番号に転用しているが，濫用され，「成りすまし犯罪」で手がつけられなくなっている。共通番号の利用制限が進まない背景には，官民が保有する膨大な数のデータベースのアクセスナンバー（本人識別番号）として共通番号が使われている事情がある。このことは，いったん一般に公開して使う共通番号を導入し，それを汎用し，納税者番号にも転用した暁には，さまざまなプライバシー問題で社会に混乱が生じても，その廃止はもとより規制を掛けることすら至難の業となることを教えている。

　わが国において，共通番号を可視化し一般に公開して納税者番号として使うことは，個人情報や番号情報漏えいのリスクと隣り合わせの社会をつくることにつながり，番号付情報が各所に筒抜けになる。また，ネット取引全盛の今日，

ネット空間へのマスターキー（納税者番号＝共通番号）付個人情報の垂れ流しは避けられない。当然，国民・納税者側のプライバシーを護るコストは膨大になる。にもかかわらず，PT報告書は，「プライバシーの保護等に十分配慮しつつ」と，抽象的に個人情報の保護には触れるものの，番号濫用の実態及び抜本的対策，プライバシー保護コストなどにはまったく触れていない。また，共通番号（マスターキー）を使って納税情報のみならず社会保障情報など国民・納税者の多用な個人情報を共通番号で集約的に国家が管理することになることについては，憲法13条に保障される国民の人格権の侵害につながり，違憲の疑いが強い。

一方，共通番号を個人用の納税者番号として使っても，その回避手段を有する一部の高額所得者や自営業者などの一部業種においては所得の正確な把握という目的の実現は事実上不可能である。それでも，なおかつ個人用の納税者番号が必要であるというのであれば，(a)納税者本人と課税庁のみが知りうる番号（現行の「納税者整理番号」）を，納税地が変わっても原則変わらないようにすれば十分なわけである。人権侵害的で無駄な大規模IT投資・公共事業につながる共通番号を導入しなくとも，住基ネットを使えば納税情報と社会保障情報の照合（マッチュング）は可能である。あえて，一般に公開して使う汎用の共通番号を個人用の納税者番号に転用する危険な道を進むことはない。事実，イギリスやドイツなど多くの諸国で採用する個人用の納税者番号は，納税目的に限定して利用する「納税者整理番号」である。

むすび

租税手続の適正化・透明化のための納税者権利憲章の制定とその課題は多岐にわたる。しかし，PT報告書が掲げた課題はいまだ例示の域を出ていない。PT報告書は，納税者権利憲章の制定に一定の指針を与えはするものの，むしろ納税者に新たに義務を課し，納税者のプライバシーを危険に陥れ，かつ，課税庁に多くの権限強化をもたらそうとする色彩が濃いものである。その内容は国税通則法制定時に断念された課題であったり，その後にも法制化が企図され実現されなかったものが盛り込まれている。このような方向での制度改革を実

施するとすれば，納税者権利憲章の制定という本来の趣旨からかけ離れてしまう。

どのような課題を実現に導くのかについては，今一度原点に立ち返り，国民的議論を経て慎重に精査される必要がある。加えて，PT報告書が納税者権利憲章制定という重要課題を追求するに当たって，番号制度の導入から説き起こしていることには，違和感がある。そこでの最大の問題は，国民の人格権（プライバシー）の保護，個人情報の保護にあるべきなのにもかかわらず，法定調書の拡充策までも含まれるなど納税者の権利保障を論ずるに相応しくないことを指摘しておく。共通番号導入や共通番号の納税者番号への転用について，政府や一部の識者などからは，行政の効率性や利便性を基準に，一定のプライバシー保護措置を講じれば共通番号や国民ID〔カード〕制などは許容されるとする，いわゆる「情報セキュリティ論」が主張される。しかし，行政の効率性や利便性は，憲法に保障された国民・納税者の人権がしっかりと確保されることを前提に精査されなければならないことを指摘しておく。

日本租税理論学会から検討を付託された特別委員会として，納税者権利憲章問題検討委員会は，2010年11月25日の税制調査会全体会議に提出されたPT報告書を検討し，以上のような結果を得たので，意見書として公表する。

【資料】日本租税理論学会 納税者権利憲章問題検討委員会

(敬称略・五十音順)

氏　名	職名等
委員長　石村耕治	白鷗大学法学部教授 日本租税理論学会理事
委員　　岡田俊明	税理士 日本租税理論学会会員
委員　　粕谷幸男	税理士 日本租税理論学会理事
委員　　黒川　功	日本大学法学部教授 日本租税法理論会理事・事務局長
委員　　小池幸造	税理士・元静岡大学教授 日本租税理論学会理事

日本租税理論学会規約

〔1989年12月9日　制定〕

〔2002年11月16日　改正〕

第1章　総　則

第1条　本会は，日本租税理論学会（Japan Association of Science of Taxation）と称する。

第2条　本会の事務所は，東京都に置く。

第2章　目的及び事業

第3条　本会は，租税民主主義の理念に立脚し，租税問題を関連諸科学の協力を得て総合的・科学的に研究することを目的とする。

第4条　本会は，前条の目的を達成するために，左の事業を行う。
1　研究者の連絡及び協力促進
2　研究会，講演会及び講習会の開催
3　機関誌その他図書の刊行
4　外国の学会との連絡及び協力
5　その他理事会において適当と認めた事業

第3章　会員及び総会

第5条　本会は，租税問題の研究にたずさわる者によって組織される。

第6条　会員になろうとする者は，会員2人の推薦を得て理事会の承認を受けなければならない。

第7条　会員は，総会の定めるところにより，会費を納めなければならない。

第8条　本会は，会員によって構成され，少なくとも毎年1回総会を開催する。

第4章　理事会等

第9条　本会の運営及び会務の執行のために，理事会を置く。
　理事会は，理事長及び若干人の理事をもって構成する。

第10条　理事長は，理事会において互選する。
　理事は，総会において互選する。

第11条　理事長及び理事の任期は，3年とする。但し，再任を妨げない。

第12条　理事長は，会務を総理し，本会を代表する。

第13条　本会に，事務局長を置く。

　事務局長は，理事長が委嘱する。

第14条　本会に，会計及び会務執行の状況を監査するために，若干人の監事を置く。

　監事は，総会において互選し，任期は3年とする。但し，再任を妨げない。

第14条の2　理事会は，本会のために顕著な業績のあった者を，顧問，名誉会員とすることができる。

第5章　会　計

第15条　本会の会計年度は，毎年1月1日に始まり，その年の12月31日に終わるものとする。

第16条　理事長は，毎会計年度の終了後遅滞なく決算報告書を作り，監事の監査を経て総会に提出して，その承認を得なければならない。

第6章　改　正

第17条　本規約を改正するには，総会出席者の3分の2以上の同意を得なければならない。

附　則

第1条　本規約は，1989年12月9日から施行する。

日本租税理論学会役員名簿　〔*は事務局構成理事　○は名誉教授〕

（2011年8月現在）

理　事　長	鶴田　廣巳（関　西　　　大）	
事　務　局　長	黒川　　功（日　　　　　大）	
理　　　　事		
〔財　政　学〕	*安藤　　実（静　岡　　　大）	池上　　惇○（京　　　　　大）
	岩波　一寛（中　央　　　大）	植田　和弘（京　　　　　大）
	内山　　昭（立　命　館　大）	梅原　英治（大 阪 経 済 大）
	坂野　光俊（立　命　館　大）	篠原　正博（中　央　　　大）
	関野　満夫（中　央　　　大）	*高木　勝一（日　　　　　大）
	*鶴田　廣巳（関　西　　　大）	宮入　興一○（愛　知　　　大）
	宮本　憲一（大 阪 市 立 大）	山村　勝郎○（金　沢　　　大）
	横尾　邦夫（国 学 院 大）	
〔税　法　学〕	*阿部　徳幸（関 東 学 院 大）	新井　隆一○（早　　　　　大）
	石村　耕治（白　鷗　　　大）	伊藤　　悟（札　幌　　　大）
	浦野　広明（立　正　　　大）	小川　正雄（愛 知 学 院 大）
	*黒川　　功（日　　　　　大）	小池　幸造（税　理　　　士）
	湖東　京至（税　理　　　士）	首藤　重幸（早　　　　　大）
	田中　　治（同 志 社 大）	千葉　寛樹（札 幌 学 院 大）
	*中村　芳昭（青 山 学 院 大）	浪花　健三（立　命　館　大）
	水野　武夫（立　命　館　大）	
〔税務会計学〕	朝倉　洋子（税　理　　　士）	浦野　晴夫（元 立 命 館 大）
	大江　晋也（名 古 屋 経 済 大）	大渕　博義（中　央　　　大）
	粕谷　幸男（税理士・横浜商大）	*髙沢　修一（大 東 文 化 大）
	*富岡　幸雄○（中　央　　　大）	中島　茂幸（北 海 商 科 大）
	畑山　　紀（札 幌 学 院 大）	山本　守之（千 葉 商 科 大）
〔そ の 他〕	田中　　浩○（一　橋　　　大）	
監　　　　事	粕谷　晴江（税　理　　　士）	小山　廣和（明　治　　　大）

事務局所在地　〒101-8375　東京都千代田区三崎町2-3-1
日本大学法学部研究室内
日本租税理論学会
（郵便振替　00110-9-543581　日本租税理論学会）

租税理論研究叢書21

2011年10月30日　初版第1刷発行

市民公益税制の検討

編　者　日本租税理論学会

発行者　日本租税理論学会

〒101-8375　東京都千代田区三崎町2-3-1
　　　　　　日本大学法学部研究室内

発売所　株式会社　法律文化社

〒603-8053　京都市北区上賀茂岩ヶ垣内町71
　　　電話 075(791)7131　FAX 075(721)8400
　　　URL:http://www.hou-bun.com/

Ⓒ2011 日本租税理論学会 Printed in Japan
印刷：㈱冨山房インターナショナル／製本：㈱藤沢製本
装幀　前田俊平
ISBN 978-4-589-03368-0

租税理論研究叢書

日本租税理論学会編　　　　　　　　　各A5判・160〜250頁

16　地方自治と税財政制度　●4410円

三位一体改革が進められるなか、地方分権の確立に不可欠とされる自主財源をどのように確保するのか。日本における地方財政の問題点とあるべき姿を、固定資産税、地方目的税、租税条例などさまざまな角度から検討する。

17　消費税増税なしでの財政健全化　●4515円

財政改革が進められるなか、本当に消費税の引き上げは避けられないのか。特定財源の一般化や不当歳出の削減等、応能負担原則に基づく税制の見直しを、これにかわる方策として学会の総力を結集して提言する。

18　グローバリゼーションと税制　●4620円

法人税減税の財源確保のため、その方策とされる消費税増税。日本の法人税は、ほんとうに高いのか。法人課税・個人所得課税・減価償却制度など税制をめぐる様々な課題についての国際的比較・分析から税制のあるべき姿を説く。

19　税制の新しい潮流と法人税　●4410円

戦後最大の「世界同時不況」のもと、国民生活を守るべく、経済危機対策を見据えた税制措置が求められている。各国の税制、国際協調の動きを視野に入れながらも、公平かつわが国に適した法人税制の進むべき道を探求する。

20　社会保障と税制　●3780円

消費税引き上げ論議や最小不幸社会論が喧伝されるなか、これからの日本の社会像にとって不可欠のテーマである社会保障と税制のあり方を考察検討。年金財源論からベーシック・インカム論まで、現状分析と基礎理論から総合的に考察。

表示価格は定価（税込価格）　　　　10号〜15号のバックナンバーもございます